ÉMILE VERHAEREN

LA BELGIQUE SANGLANTE

DEUXIÈME ÉDITION

nrf

ÉDITIONS DE LA
NOUVELLE REVUE FRANÇAISE
35 & 37, RUE MADAME
PARIS

LA BELGIQUE SANGLANTE

DU MÊME AUTEUR

AUX ÉDITIONS DE LA NOUVELLE REVUE FRANÇAISE

HÉLÈNE DE SPARTE, tragédie en 4 actes, représentée pour la première fois au Théâtre du Châtelet, le 4 mai 1912. 1 vol.

ÉMILE VERHAEREN

LA BELGIQUE SANGLANTE

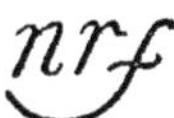

ÉDITIONS DE LA
NOUVELLE REVUE FRANÇAISE
35 & 37, RUE MADAME
PARIS

IL A ÉTÉ RÉIMPOSÉ ET TIRÉ A PART
UN EXEMPLAIRE SUR PAPIER DU JAPON
DE LA MANUFACTURE DE SHIDZUOKA
ET SUR PAPIER PUR FIL DES PAPETERIES DE VOIRON
AU FILIGRANE DE LA NOUVELLE REVUE FRANÇAISE
SIX EXEMPLAIRES (HORS COMMERCE)
NUMÉROTÉS A LA PRESSE DE A A F
CINQUANTE EXEMPLAIRES, POUR L'ANGLETERRE
NUMÉROTÉS A LA PRESSE DE I A L
CINQUANTE EXEMPLAIRES
NUMÉROTÉS A LA PRESSE DE 1 A 50

DÉDICACE

DÉDICACE

Celui qui composa ce livre où la haine ne se dissimule point, était jadis un vivant pacifique. Il admirait bien des peuples ; il en aimait quelques-uns. Parmi ceux-là se rangeait l'Allemagne.

N'était-elle pas féconde, travailleuse, entreprenante, audacieuse et organisée mieux qu'aucune autre nation ? N'offrait-elle point à ceux qui la visitaient l'impression de la sécurité dans la force ? Ne regardait-elle point avec les yeux les plus aigus et les plus ardents qui fussent, l'avenir ?

La Guerre survint.

L'Allemagne parut autre, immédiatement. Sa force se fit injuste, fourbe, féroce. Elle n'eut plus d'autre orgueil que celui d'une tyrannie méthodique. Elle devint le fléau dont il faut se défendre afin que la vie haute ne périsse point sur la terre.

Pour l'auteur de ce livre, aucune désillusion ne fut plus grande ni plus soudaine. Elle le frappa au point qu'il ne se crut plus le même homme.

Pourtant comme en cet état de haine où il se trouve, sa conscience lui semble comme diminuée, il dédie avec émotion, ces pages à l'homme qu'il fut autrefois.

ÉMILE VERHAEREN

Saint-Cloud, le 19 Avril 1915.

TITRES A L'INDÉPENDANCE

TITRES A L'INDÉPENDANCE

Guillaume II fit des serments nombreux. Il jura d'entrer en vainqueur, tantôt à Paris, tantôt à Nancy, tantôt à Calais, tantôt à Varsovie. Ces serments qui furent glorieux, il ne les a pas tenus.

Il jura aussi, dans sa lettre à Albert Ier, roi des Belges, de saccager la Belgique. Ce serment qui fut criminel est le seul qu'il ait pu tenir.

Avant la guerre, la Belgique était un pays pacifique, travailleur, riche. Les siècles l'avaient formée, avec complaisance. Deux fois, au cours des temps, son art avait dominé l'Europe. La première fois au XVe siècle. Alors brillent d'un éclat universel Hubert et Jean Van Eyck, Memling, Roger de la Pasture.

Les entourent Gérard David, Patenir, Henri Blès, Quentin Metzys, c'est-à-dire toute la grande école gothique du Nord.

Au bord du Rhin, ces maîtres créent des élèves. A Cologne, où les vieux peintres Wilhem et Stéphan Lochner n'avaient pu ébaucher que des images ingénues et timides, les Flamands enseignent la fermeté du dessin, la puissance des tons, et surtout la vie. Leur influence gagne la France. L'école d'Avignon et de Moulins leur doit sa gloire.

L'Italie leur envoie ses artistes. Le plus célèbre d'entre ceux-ci, Antonello de Messine, oublie les traditions de son pays pour suivre les leurs. L'Espagne n'est qu'une province d'art flamande. Tout l'Occident tient les yeux fixés sur la Flandre. Au XVIIe siècle, Rubens, Van Dyck, Brouwer, Teniers, Jordaens, Corneille de Vos réinstaurent au profit d'Anvers, la suprématie universelle qu'avaient laissée se perdre les peintres de Bruges. La France doit à ceux-là Largillière, Sébastien Bourdon, Watteau, Pater, Lancret, Fragonard. L'Angleterre Dobson et Lely et en partie Constable.

De plus, dès le xve siècle, les hauts-lissiers répandirent un art comme nouveau sur tout le continent. Les Gobelins lui doivent toute leur renommée première.

Dans le même temps que ses peintres furent son orgueil, la Belgique produisit des architectes admirables. Leurs noms sont encore peu connus. Ils s'appelaient Apelmans, van Thienen, du Hamel, van Bodeghem, Blondeel, de Vriendt, Lombard, Franquart et Faidherbe. Les pierres des cathédrales de Tournay, de Bruxelles, d'Anvers, de Malines, de Gand, de Bruges, de Mons et de Liége se sont entassées les unes sur les autres, jusqu'à la plus haute de leurs tours pour que le souvenir de ces bâtisseurs wallons et flamands fût durable et porté jusqu'aux nuages. De merveilleux hôtels de ville voisinent ou voisinèrent avec les églises, d'imposantes halles aux draps ou aux viandes firent face à des demeures opulentes de bourgmestres ou d'échevins. Les villes s'imposèrent et furent l'émerveillement des voyageurs.

Un fleuve, l'Escaut, sinuant à travers les

provinces, la richesse et le commerce se fixèrent de ville en ville, et peut être le plus grand port du continent, tant au XVIe qu'au XIXe siècle s'élargit aux portes de l'Allemagne et de la Hollande, chez nous. D'un autre côté, la Meuse parcourait des vallées charmantes, aux belles lignes, dont les éventrements brusques livrèrent au jour les métaux et les charbons. C'est de ses bords que furent tirées les pierres des hauts pignons échevinaux et des transepts des cathédrales. La Meuse est le fleuve de l'industrie wallonne; l'Escaut, celui du commerce flamand. Les deux races — l'une latine, l'autre germanique — qui peuplent la Belgique si admirablement distribuée et aménagée par ses deux fleuves, sont actives, tenaces et modestes. Elles sont patientes aussi. Les Flamands, avec taciturnité; les Wallons, avec bonne humeur. Elles ont amené dans le pays entier non seulement le bien-être, mais l'opulence. Après l'Angleterre, l'Allemagne, la France, avant l'Italie, l'Autriche et la Russie — la Belgique prend le quatrième rang parmi les nations

:ommerçantes de l'Europe. Sa prospérité ınique dans les annales des petits peuples nodernes est la preuve la plus sûre de ses lons personnels.

D'autant que depuis une trentaine d'an-ıées, ce même pays qui jusque vers 1880 ı'avait été que riche, vit éclore une école .ttéraire tout à coup éclatante. Bientôt, celle-i prit rang parmi les puissances intellec-uelles et directrices de l'Europe. La con-cience du monde fut touchée par l'esprit 'un Maeterlinck et en devint plus lumineuse. vec Carlyle et Emerson, il nuança la pensée ontemporaine et la modifia d'après sa ma-ière de comprendre et de sentir. Des poètes e levèrent, les uns délicats et purs, comme n Charles Van Leberghe; les autres éclatants t subtils, comme un Albert Giraud.

Lemonnier, Eckhoud, Krains, Glesener, •elattre furent des observateurs puissants ou ittoresques. Spaak, Crommelynck, Delterne, anhoffel, s'essayèrent à fonder une littéra-ıre dramatique nouvelle et autochtone. Tout épanouissait, non plus seulement grâce au pinceau des peintres mais aussi, grâce au verbe des hommes de lettres. Le grand aîné Charles De Coster qui fit le premie chef-d'œuvre : *Tyl Uelenspiegel,* vit son exemple suivi par nombre de ses cadets. Eux aussi imposèrent leurs livres en de bibliothèques de choix, à côté du sien ; eu aussi firent de la beauté avec les mœurs e l'héroïsme des ancêtres, mais venus après lui ils réussirent à explorer le monde et l'âm modernes et à mettre, sinon plus d'émotion au moins plus de réalité palpable et contrô lable dans leurs écrits.

Donc, si jamais groupement humain s'es montré digne de collaborer, avec sa vie inde pendante et haute, à la civilisation générale c'est bien la nation belge. Elle possédait, s j'ose m'exprimer ainsi, une armure si com plète de forces matérielles, intellectuelles e morales, qu'aucune autre nation de sa taill n'en possédait une pareille. Elle pouvait don compter sur le respect et l'admiration no seulement des nations neutres et mineures mais sur l'admiration des nations majeure souveraines. Celles-ci, d'ailleurs, lui avaient ré protection, toutes ensemble. Et jamais tte protection ne fut aussi méritée, que le ur même où l'une d'elles saisit la Belgique a gorge, traîtreusement, pour l'étouffer.

Car, c'est là, la honte suprême de l'Alleagne. Elle a choisi la petite nation la plus gne de vivre et de grandir pour prouver quel s elle faisait du droit à l'existence des tres. Bien plus, se sentant la plus forte, dites, de combien de millions d'hommes — e ne l'a pas même attaquée franchement. le a rusé, elle a menti, elle a flatté. Deux ures avant son ultimatum monstrueux, e protestait encore de ses intentions pures. e pouvait offrir la bataille, elle n'a su prérer que le guet-apens. Aussi, la haine 'elle s'est attirée est si violente et si uname, qu'elle traversera les couches des généions successives, on ne sait jusqu'à quelle ofondeur. Autant qu'une chose humaine ut être éternelle, cette haine le sera. Elle a partie de l'enseignement dans nos écoles, des traditions dans nos foyers. Elle nous

sera comme une sainte réserve d'énergie
de fureur. Nous raisonnerons tous comm
cet admirable paysan qui me disait, l'aut
soir, dans un village de la côte, entre Coxy
et Duinkerke : « Le jour où je mourrai,
veux que la toute dernière force que je co
serverai au fond de moi-même soit enco
nourrie de malédictions et de rages cont
l'Allemand. » Et comme je lui faisais obse
ver que de tels sentiments étaient loin d'êt
chrétiens, il me répondit : « Tant pis ! »

LES CRIMES

LES CRIMES

Quoiqu'on en ait, l'instinct de conservation nationale nous prescrit désormais la haine, comme un devoir. Ce n'est que par l'amour ou par la haine que les peuples font de grandes choses. Notre libération est une grande chose. Au reste, entre l'amour et la haine, les Allemands ne nous ont pas donné le choix.

Si jamais oppresseurs furent systématiquement atroces, ce fut eux. Ils ne nous ont pas fait une guerre loyale : ils se sont livrés au viol, au vol, au pillage, à l'incendie, et à l'assassinat. Courageux sur les champs de bataille, ils furent lâches et cruels après chaque lutte. Bien plus, quelques-uns furent sadiques. Les casernes allemandes et les clubs d'officiers — des procès l'ont prouvé —

étaient friands de certains vices. Nos femmes, nos filles et nos enfants furent les victimes de la débauche spéciale qui règne là-bas. Certains crimes furent tellement raffinés et violents qu'on ne les crut pas possibles. Les soldats teutons bénéficiaient en quelque sorte du trop haut degré d'horreur auquel ils étaient montés. On ne pouvait admettre à quel point ils étaient infâmes et pervers.

Aujourd'hui que des rapports aussi précis que nombreux ont été publiés, l'opinion européenne s'inquiète et contrôle mieux.

Lorsque j'arrivai en Angleterre, il y a six mois, on suspectait toute parole qui rapportait une atrocité commise. On disait : « Montrez-nous donc l'enfant aux mains coupées, et la femme à la poitrine sanglante. » Et comme la chose était impossible, parce que l'enfant aux mains coupées et la femme à la poitrine sanglante n'avaient pu s'empêcher de succomber à leurs tortures, on en concluait que les Allemands étaient non pas des bourreaux, mais des soldats. On voulait voir. Hélas ! il aurait fallu ouvrir des tombes.

Heureusement qu'un jeune écrivain, M. Pierre Nothomb a pu, dans son livre : *les Barbares en Belgique,* établir d'après des enquêtes officielles que les crimes les plus féroces reprochés aux soldats teutons furent réellement commis. C'était surtout au début de la guerre, dans les provinces de Liége, de Namur, de Luxembourg et de Brabant que les hordes se firent terribles. Plus tard, soit par ordre, soit par crainte — on ne sait — elles muselèrent leurs instincts. Leur rage a duré deux ou trois mois. On la laissa se déchaîner dans l'espoir peut-être d'anéantir une race.

Le 26 août, le général Stenger, commandant de la 26e brigade allemande, fit connaître à ses troupes : « A partir d'aujourd'hui, il ne sera plus fait de prisonniers. Tous seront massacrés, même les prisonniers déjà groupés en convois seront massacrés. Derrière nous il ne restera aucun ennemi vivant. » *(Les Crimes allemands,* par Bédier.) La Flandre fut moins profondément, et moins obstinément mordue que la Wallonie. Celle-ci était jugée coupable parce qu'elle existait. Elle n'avait pas le droit de ne pas être de la famille germanique. En Flandre, on pouvait espérer que la domination allemande, à la longue, prendrait pied. En Wallonie, il fallait s'attendre à un échec total. Aussi, après la dévastation, l'Allemagne a-t-elle inauguré, dans le sud de la patrie belge, la famine.

Écoutez : Des cris de détresse de ceux qui, en plein XXe siècle, vont mourir de faim, se font déjà entendre. De toutes parts on envoie des secours. L'Amérique est admirable. Mais ces secours sont-ils suffisants pour rationner des provinces entières ?

La rage des officiers teutons date du jour même de la déclaration de guerre : le chemin vers la France leur fut barré par nous. Ils ne purent admettre cet acte d'honnêteté héroïque. Ils eurent recours à une sorte de marchandage vil. Ils appelèrent notre gouvernement au comptoir, dans une arrière-boutique. Ils ne prononcèrent qu'un mot : Combien ? Ils s'attendaient à ce qu'on leur répondît à l'instant : Trente deniers.

La résistance de Liége les exaspéra. Ils y perdirent des milliers d'hommes; ils ne purent se frayer le passage immédiat dont ils avaient le plus urgent besoin. La France réussit à faire sa mobilisation derrière notre défense. L'Angleterre et la Russie gagnèrent un temps précieux.

Tout fut mis immédiatement en question. Le sort de toute la campagne se décidait, semblait-il, contre l'Allemagne. Le premier coup donné par un petit peuple fier, lui fut déjà le coup fatal.

Plus tard, eurent lieu les propositions de paix. A trois reprises, elles furent faites. La première date du mois d'août. M. Davignon, ministre des Affaires étrangères, reçut, par l'intermédiaire du ministre de La Haye, une longue dépêche. Elle contenait cette phrase : « Le Gouverneur allemand est prêt à tout accord avec la Belgique qui peut se concilier de n'importe quelle manière avec son conflit avec la France. »

La réponse de la Belgique fut celle-ci : « Fidèle à ses devoirs internationaux, la

Belgique ne peut que réitérer sa réponse à l'ultimatum du 2 août, d'autant que depuis, sa neutralité a été violée, qu'une guerre douloureuse a été portée sur son territoire et que les garants de sa neutralité ont loyalement et immédiatement répondu à son appel. »

Le deuxième intermédiaire dont se servit l'Allemagne — tous les journaux l'ont publié — fut le ministre d'État belge, M. Charles Woeste. Ce fut ce ministre qui peut-être de tous les députés de notre Chambre, se montra le plus hostile à l'idée d'un service militaire obligatoire. Il se targuait d'être avant tout l'homme de son parti. Son action fut néfaste dans notre histoire. Sa démarche échoua comme il fallait s'y attendre (1).

La troisième proposition de paix fut faite

(1) Cette démarche fut niée par M. Woeste. Il écrivit à son sujet une lettre à la *Revue des Deux Mondes*. — Cette revue lui en donne acte. Elle imprime : « Les faits que nous avions racontés et appréciés ont été publiés dans tous les journaux au mois de septembre dernier, et nous n'avions aucune raison de les mettre en doute. M. Woeste les contredit et c'est son droit. L'histoire à laquelle il fait appel prononcera plus tard un jugement définitif. Pour le moment nous donnons acte à M. Woeste de sa rectification. » Faisons ce que fait la *Revue des Deux Mondes* et attendons.

par M. Eyschen, homme d'État luxembourgeois. M. Eyschen parcourut quelques pays neutres et les engagea à prendre ensemble une décision en faveur de la paix. Une telle proposition ne pouvait aboutir : la Belgique, la première, y opposa une fin de non-recevoir. A la suite de cette troisième tentative, un journal s'empressa de conclure : « Si le gouvernement belge avait voulu, nous serions entrés par son intermédiaire en conversation avec l'Allemagne; mais le gouvernement belge n'a pas voulu, et il traitera de la même façon tous les ambassadeurs du souverain qui, après avoir envahi, dévasté, ensanglanté la Belgique, après l'avoir fait bafouer par la presse à sa solde, a osé offrir à sa victime trois fois de suite, une paix sans honneur. »

Donc, dès qu'elle eut violé notre neutralité, l'Allemagne sembla s'en excuser. Elle, la nation formidable, faisait les premières avances à la nation spoliée et outragée. Fallait-il qu'elle se fût trompée sur notre force de résistance pour se décider aussi rapidement à agir sans fierté. Elle le fit du reste avec une telle souplesse et un tel tact, qu'elle désillusionna, dit-on, même M. Woeste. Pas un instant, elle ne se douta qu'un pays qui, pour rester fidèle à sa dignité, n'avait pas hésité à accepter la souffrance et la misère infinies, ne repoussât, comme une insulte, tout compromis et toute entente.

On entendait dire : « Il eût fallu accepter les propositions de paix, ne fût-ce que parce qu'elles prouvaient le repentir, après la faute. » La faute, c'était l'invasion. Je ne sais quel jobard raisonnait ainsi, mais cet homme de sens puéril ne se doutait pas un instant qu'un pays aussi lourd de crimes que l'Allemagne, ne peut avoir droit au repentir, qu'après avoir été châtié de poing de maître.

L'Allemagne s'est acharnée contre les choses autant que contre les hommes. Le bois, la pierre, le chaume, la fonte, tout ce qui peut servir soit au couvert, soit à l'abri, fut soumis à sa rage. Ses soldats furent dressés à se rendre non seulement au feu, mais à l'incendie. Les brasiers échevelèrent toutes les campagnes. Rien que dans la province de Luxembourg « Neufchâteau compte 21 maisons brûlées ; Etalle, 30 maisons brûlées ; Houdemont, 64 maisons brûlées ; Rulles, la moitié des maisons a été détruite par le feu ; Ansart, le village est complètement brûlé ; à Tintigny, 8 maisons seulement subsistent ; Jamoigne, destruction de la moitié du village ; Les Bulles, destruction de la moitié du village ; Moyen, 42 maisons détruites ; Rossignol, le village est entièrement détruit ; Mussy-la-Ville, 20 maisons détruites ; Bertrix, 15 maisons détruites ; Bleid, une grande partie des maisons est détruite ; Signeulx, une grande partie du village est brûlée ; Ethe, les cinq sixièmes du village sont brûlés ; Bellefontaine, 6 maisons détruites ; Mussin, la moitié du village est détruite ; Daranzy, il reste 4 maisons ; Saint-Léger, 6 maisons brûlées ; Semel, toutes les maisons sont brûlées ; Maissin, 64 maisons ont été brûlées sur 100 ; Villance, 9 maisons brûlées ; Anloy, 26 maisons ont été brûlées. » Tel est le rapport.

Ces chiffres sont des chiffres minima. D'après une statistique forcément incomplète, le nombre des maisons brûlées dépasse 3.000. Il est à noter que les maisons dont la destruction est ainsi rapportée, ont été brûlées, non par des opérations de guerre, mais par des incendies volontaires et systématiques.

En Flandre et en Brabant, Termonde, Malines, Alost, Aerschot, Dixmude, Nieuport, Ypres, Louvain ne sont que ruines. On les a bombardées et rebombardées. L'armée belge infligeait-elle un échec aux troupes allemandes, immédiatement, celles-ci se mettaient à déverser leurs obus soit sur Termonde, soit sur Malines, soit sur Alost. On eût dit une punition infligée par un maître d'école sinistre. Cela se faisait toujours avec méthode, car tout est pédagogique, en Allemagne, même la folie. Au reste, ces innombrables incendies servaient de torches formidables pour éclairer d'autres crimes. Je veux parler des exécutions en masse. A Dinant, 700 civils furent immolés. A Andennes, toutes les autorités et presque tous les notables furent assassinés.

La Belgique wallonne tout entière saigna dans chacun de ses villages et dans chacune de ses villes. Dans cette seule province de Luxembourg, dont tant de maisons furent détruites, voici le nombre d'habitants qui furent passés par les armes : « Neufchâteau, 18 fusillés ; Vance, 1 fusillé ; Etalle, 30 fusillés ; Houdemont, 11 fusillés ; Tintigny, 157 fusillés ; Bertrix, 2 fusillés ; Ethe, 300 fusillés environ, 530 personnes ont disparu ; à Latour, 17 hommes survivent ; Saint-Léger, 11 fusillés ; Maissin, 10 hommes, 1 femme et 1 jeune fille fusillés, 2 hommes et 2 jeunes filles blessés ; Villance, 2 hommes fusillés, 1 jeune fille blessée ; Anloy, 52 hommes et femmes fusillés ; Claireuse, 2 hommes tués, 2 pendus. »

Après les exécutions en masse, eurent lieu les déportations en masse. Les Teutons s'emparent de tous les hommes âgés encore valides — jardiniers, bûcherons, mineurs, paysans — et les envoient travailler en Allemagne. Ils parviennent à ressusciter ainsi, Dieu sait comme, l'antique esclavage. Oh !

les mauvais traitements qu'ils leur fon subir. La schlague fait partie de leurs insti tutions nationales. Leur aigle la pourrait teni en ses serres, tout comme l'aigle américair tient entre les siennes, la foudre.

Des monceaux de vols ont été voituré au delà du Rhin : tableaux, meubles, glaces pianos. Le capitaine de Gerlache — celui qu dirigea l'expédition antarctique belge — raconte dans le *Morgen Bladet* de Christiania tout ce que ses yeux épouvantés ont vu Des photographies prises par lui appuyen ses dires. « A Malines, 700 pianos provenan des maisons saccagées encombrent la gare Un de ses amis, haut fonctionnaire, rentr chez lui. Sa maison est pillée. Il demande voir le gouverneur allemand. Ses voisins lu assurent que tout un détachement de soldat teutons est venu vider sa demeure.

— Ce sont des paysans, interrompt l gouverneur.

— Ce sont vos officiers, riposte le spolié Le gouverneur se laisse conduire à la gare Le mobilier volé est découvert. Il forme u as énorme; d'autres meubles dérobés à des propriétés voisines élargissent encore le tas. »

Cette histoire est typique. Je pourrais en citer cent autres.

Maisons détruites, meubles volés, hommes emmenés en exil forment comme un décor de fond pour mettre mieux en relief la scène d'horreur du premier plan. Celle-ci est tout entière consacrée au meurtre des vieillards, des femmes et des enfants. L'Allemagne, lourde et malhabile d'ordinaire, s'y prouve tout à coup ingénieuse et raffinée. La cruauté l'exalte. Une sorte de lyrisme monstrueux la saisit. Elle trépigne dans l'atrocité.

La coutume militaire allemande — le mot coutume n'est pas employé à la légère — veut qu'un vieillard serve à marcher devant les soldats, lorsque ceux-ci s'en vont au feu. Si le vieillard est choisi comme otage, la coutume militaire allemande trouve bon de tuer devant lui ses fils et de le maltraiter ensuite jusqu'à l'épuisement. Si les vieillards sont faits prisonniers en grand nombre, la coutume militaire allemande prescrit de les

déployer sur un seul rang, de leur f
creuser une longue fosse et de les aba
à coups de fusil, de manière à les y précip
ensemble. Quand le vieillard est un prêtre
un moine, la coutume militaire allema
conseille de le châtrer avant de le pendre

Quand il s'agit de femmes, la coutu
militaire allemande exige le viol, com
préliminaires. Sitôt que leur mari, leur f
ou leur enfant ont été passés par les arm
on met aux femmes la bêche à la main,
on leur ordonne de creuser des fosses,
d'enterrer leurs morts. Si les femmes s
enceintes, on choisit leur ventre pour diri
le coup de baïonnette. Si les femmes s
fiancées, on les réunit à leurs fiancés, a
des cordes. Quelques bottes de paille ent
rent le couple ainsi ligoté. On entend
bruit sec d'allumette frottée contre
semelle de botte. La flamme attaque
paille, et le feu consume les deux jeu
gens. Lorsque les femmes ne sont pas fi
cées, les soldats allemands procèdent au
ment. Voici une scène consignée et contrô

dans le dossier du Ministère français. C'est Jean Bernard qui la raconte dans l'*Indépendance* (2 janvier 1915). Elle s'est passée dans une maison de campagne, tout près d'Anvers. Un négociant n'avait pas voulu partir ; il était demeuré avec ses deux filles (une âgée de dix-sept ans, l'autre de vingt). Toutes deux étaient fort jolies, de cette beauté tranquille et gaie des Flamandes qui se souviennent des bonnes dames de Rubens.

Les Allemands, après s'être emparés d'Anvers, se répandent dans les environs, et plusieurs officiers s'installent dans la maison de campagne du négociant qui avait eu le courage et l'imprudence de rester. Notre homme, qui est riche, les reçoit de son mieux. Il leur cède les chambres à coucher de la maison à la fois luxueuse et confortable et fait préparer pour le premier soir un plantureux dîner. Cinq officiers s'assoient à cette table où les vins promettaient d'être abondants. Mais, avant tout — on ne peut donc pas invoquer l'ivresse — avant de commencer leur festin, le capitaine allemand qui était le chef de bande, étant le plu ancien, commande qu'on s'empare du pro priétaire et qu'on l'enferme dans sa propr cave, dont la porte est gardée par deu sentinelles, le fusil chargé, prêtes à tirer.

Cette précaution prise, les convives ordon nent aux deux jeunes filles de se déshabiller celles-ci protestent, résistent, supplient; vain efforts. Devant le refus de ces pauvre enfants, le capitaine ordonne à des soldat de leur enlever les vêtements et les tenir là devant leurs yeux émerillonnés, pendant tou le repas. Ce que fut le supplice, on l devine.

Quand ces pandours furent repus de met et de vins, que l'ivresse fut venue, devan les soldats amusés et avinés, eux aussi, le malheureuses enfants furent livrées à l'amu sement de ces sauvages, et vous me per mettrez de ne pas reproduire les détails d dossier du Ministre de la Guerre. Quand, l lendemain matin, on délivra le négociant ses filles avaient fini la nuit livrées aux bru talités des soldats; l'une était devenue folle et l'autre s'est, depuis, tuée de honte et de douleur. »

La coutume militaire allemande admet aussi qu'on s'en prenne aux enfants. Ils ont de petites mains qu'il est facile de couper. Leurs pieds tiennent à peine à leurs jambes. Un peu de sang versé, et l'opération est faite. Mais il y a mieux. M. le sénateur Henry Lafontaine — prix Nobel et parole prudente et pacifique — confesse, en plein meeting, qu'on leur brûle les narines et les oreilles avec des bouts de cigares rouges.

L'enfant au berceau est du reste une victime de choix : on le torture et il n'en peut encore rien dire.

Je sais bien que la coutume militaire allemande décrète qu'il faut nier les faits les mieux établis et accuser immédiatement les autres, de ce dont on l'accuse, elle. La fable des francs-tireurs et des yeux crevés ne peut plus servir comme appât à la crédulité. Les journaux de Berlin en conviennent. Le renversement des rôles devient donc de moins en moins possible. Trop d'horreurs ont été commises. La révolte est trop profonde et trop unanime. Trop de bouches crient vengeance. Leur clameur monte plus haut que le bourdonnement des mensonges. Il faut bien se résigner à admettre soit un peu de honte, soit un peu de déshonneur. A ce moment, la coutume militaire allemande affirme qu'il a fallu faire des exemples : la population civile ayant tiré sur les soldats. Pourtant, ni les enfants, ni les jeunes filles, ni même les vieillards n'ont pu assaillir les officiers. En outre, tous les jeunes gens ont déposé leurs armes aux mains des autorités de leur commune; même les fusils de chasse ont été livrés. Alors, n'est-il pas nécessaire d'admettre que, s'il y eut des coups qui furent tirés, ils le furent par l'armée belge ou française, qui combattait légitimement, ou bien encore par les Allemands eux-mêmes. Le ministre d'Etat, M. Emile Vandervelde, a lu dernièrement, en public, à Londres, la lettre d'un chef teuton, le major von Bassewitz, avouant que, notamment à Huy, c'était dans une lutte entre ses soldats ivres, qu'une balle avait tué un officier germain. D'où répression sanglante et massacre de la population civile. Ce qui s'est passé à Huy — ajoute M. Vandervelde — s'est passé à Louvain et ailleurs. D'autre part, un officier du kaiser consigne dans son cahier de route : « Le gentil petit village de Gué d'Ossus a pourtant brûlé quoique innocent. Un de nos cyclistes, en tombant, a fait partir son fusil. Aussitôt il prétend qu'on a tiré sur lui. Là-dessus on jette tous les habitants dans les flammes. » *Le Matin*, 3 avril 1915.

Au reste, aucune mesure de répression ne légitime la folie de vengeance et de haine à laquelle s'est livrée, en Belgique, l'armée envahissante.

La cause de tant d'horreurs doit être cherchée et trouvée dans le Code de l'armée allemande (1). C'est lui qui apparaît comme

(1) Le *Kriegesgebrauch im Landkriege* dit : « Toutes les prétentions des professeurs du droit des gens doivent être rejetées en principe comme en opposition avec les principes de la guerre. » Les principes de la guerre régissent donc seuls la conduite des armées allemandes et leur imposent le crime comme une sorte de devoir. Le droit des gens n'a qu'à se taire ; c'est l'ordre.

une floraison mentale monstrueuse. L'Empire de Guillaume II a pris à sa solde tous les vieux fléaux du monde. « De la peste, de la famine et de la guerre, délivrez-nous, Seigneur ! » Nous autres Belges, nous pouvons comme nos ancêtres jeter au ciel la même prière. Seulement, quand nous disons « peste », nous sous-entendons « Allemagne ».

AU FRONT, EN FLANDRE

AU FRONT, EN FLANDRE

J'ai quitté l'Angleterre par le bateau de Folkestone. Un automobile m'attendait à Boulogne. On se mit en route immédiatement. Notre vitesse devint, en peu d'instants, très vive. Nous croisions des fourgons de munitions et des voitures d'ambulances, sans que diminuât la rapidité de notre course. Quand d'autres automobiles nous croisaient, nous entendions le même bruit brusque et violent qui se produit au croisement de deux trains rapides. Nous ne songions déjà plus à sauvegarder notre vie.

La frontière administrative est supprimée entre la France et la Belgique. Les gabelous sont soldats. La douane est morte. Seul, le poteau indicateur existe encore. Les barrages, toutefois, deviennent nombreux. Deux charrettes rapprochées l'une de l'autre, et consolidées avec des matériaux de toutes sortes, n'offrent, sur la chaussée, qu'un étroit passage, et ce passage est gardé militairement. Le mot de passe est exigé. On le crie dans le vent. Et l'automobile reprend son allure ardente.

Voici Adinkerke et voici Furnes. La petite ville est pleine de troupes. Elles s'abritent dans les églises de Saint-Nicolas et de Sainte-Walburge. Des lits de paille sont préparés pour les heures de repos. Au-dessus des couchettes, au long de la muraille, se dressent de hautes plaques tombales. Le nom de vieux défunts s'y lit à peine, le temps ayant effacé bien des lettres. Il en est de même et des dates et des titres et de la nomenclature de cent vertus.

Assis dans la paille dorée par le soleil, les troupiers ne s'inquiètent guère de cette coïncidence macabre qui les fait dormir sur des morts. Ils rient, ils mangent. Sous la chaire de vérité, se dresse la statue de saint

Nicolas ; une giberne est suspendue à la crosse de l'évêque.

La petite ville de Furnes est trépidante de mouvement. Sans cesse de fuyants automobiles ébranlent son pavé, jadis très silencieux. Sur la place, en de petites échoppes roulantes, se vend et se pèse, avec scrupule, un pauvre et rarissime tabac. Il pleut, et la pluie rendant le tabac moins léger, l'honnête marchand flamand offre à chacun de ses clients militaires une pincée de tabac en surplus.

— C'est à cause du mauvais temps, ajoute-t-il ; mais c'est aussi parce que j'aime les soldats.

La route de Pervyse s'allonge devant nous. Des arbres, coupés net ou tordus lamentablement, la bordent. Parmi les prairies, d'énormes trous bâillent dans la verdure. Tout au fond, sont enfoncés vingt obus, dont aucun n'éclata. Un artilleur me raconte qu'au moment où l'obus tombait, les vaches s'enfuyaient, éperdues. Puis, lentement, poussées par leur curiosité, elles revenaient regarder au bord des trous. La terre ét molle. Quelques-unes glissaient jusqu'a projectiles. Elles faisaient mille efforts po se dégager et sortir de la fosse. Et l'on av peur que leur piétinement sur cet amas balles et de poudre ne réveillât la rage de mitraille endormie.

Ci et là, se dressent des croix, en plei champs, près des arbres. Un képi, un bo quet de fleurs fanées, indiquent que d soldats héroïques reposent là. Plus loi gisent des chevaux morts.

Quand nous entrons à Pervyse, l'étonn ment nous accueille. La grand'rue ressemb à un énorme musée de faune préhistorique les toits des maisons, dont toutes les tuil sont tombées, et dont les faîtages s'affaisse jusqu'aux trottoirs, apparaissent comme d vertèbres suspendues, tandis que ce q reste debout des murs et des pignons fa songer à de formidables ossatures rongé ou fendues.

A travers les fenêtres, s'aperçoivent l pauvres meubles de très pauvres ménage

.es lits sont éventrés, les poêles projetés, es pieds en l'air. Le Christ de la cheminée ;ît à terre, tandis que saint Jean et la Vierge nt été respectés par la mitraille. Une petite ouronne blanche de première communiante ut déchiquetée par les balles et ses pétales le roses sont mêlés à de la suie et du plâras.

Une seule maison du bourg de Pervyse ut épargnée. Son habitant n'a point voulu s'en éloigner. C'est un homme entre deux ges. Il nous regarde passer sans nous dire in mot. Il tient, entre ses mains, un énorme palai. Or, c'est samedi. Et cet homme, au nilieu des ruines de son village saccagé, nettoie avec ponctualité son trottoir et sa enêtre, parce que, demain, c'est dimanche. Oh! la proverbiale propreté flamande, même en temps de guerre et de cataclysme.

Nous nous dirigeons vers Nieuport. Nous passons par Coxyde. Dans ce pays de dunes, où le sable enlevé par le vent vous pique le visage, des goumiers et des sénégalais ont établi leur campement. Sans le froid très

4

aigu, ils se croiraient au désert. Sur le somm d'une montagne, une de leurs sentinelles cheval se profile. Le découpage de cet silhouette sur ce ciel du Nord tumultueu et comme empli d'une charge de nuages produit l'impression la plus étrange. O dirait un morceau d'Afrique soudé à u morceau de Flandre.

Les canons tonnent partout. Une batteri française se dresse, à cinq pas. Avec mé thode, le projectile est glissé dans l'arme et, coup sur coup, la décharge vous assour dit. On regarde, on approche, on s'exalte on admire. Et le désir vous prend de vou exposer soudain, là-haut, sur une butte, e face de l'ennemi, gratuitement. L'amour d danger devient une passion aussi forte qu celle de l'amour tout court. On se grise d poudre et de péril. On a comme honte de n pouvoir immédiatement, comme les autres risquer sa vie.

Nous nous dirigeons vers les tranchées. Elles barrent une route, près d'une gare. Nous visitons, en nous courbant très fort, ces sortes de casemates où dorment, mangent et fumaillent nos soldats. Sous une sorte d'auvent, est dressée la mitrailleuse. A la lueur d'une allumette, on voit le cuivre qui reluit. Les troupiers sont d'excellente humeur ; ils rient quand on leur serre les mains. Leurs plaisanteries, un peu lourdes, tombent sur les Allemands, comme des pelletées de terre. Depuis deux jours, la tranchée est silencieuse. L'ennemi bombarde tantôt Dixmude, tantôt Nieuport. On dirait que la fantaisie ou le caprice guide son tir. Depuis que la bataille de l'Yser lui fut fatale, aucune direction ne semble discipliner ses efforts. Il fait du bruit et ne veut que maintenir la terreur.

Nous revenons par Ramscapelle. Les mêmes scènes de désolation que nous vîmes à Pervyse nous y accueillent. Les rues sont jonchées de débris de verre et de tuiles. Des matelas, des couvertures, même des tabliers, des rideaux et des linges bouchent les châssis des fenêtres.

Soudain, on entend le miaulement d'un

chat. Cette plainte sort d'une cave. Nous y descendons. La bête, maigre et hagarde, se sauve à notre approche.

Le jeu de la mitraille fut étrange, à Ramscapelle. Des boulets sont entrés par les demeures et en sont sortis on ne sait comment. On suit leur trajet fantasque. Une porte fut tellement trouée par les balles, qu'elle est transformée en une véritable écumoire. Comme à Pervyse, le toit de l'église s'est effondré et la tour n'est plus qu'un immense squelette de pierre, à travers lequel, au soir tombant, on voit les étoiles.

Voilà ce que j'ai déploré, en visitant un front de bataille en Flandre. Mais toute mon âme s'est exaltée à voir le courage silencieux chez les soldats et la ténacité chez les civils.

Certes, on se plaint des ruines amoncelées avec tant de haine et de fureur ; mais la plainte ne dure pas longtemps. Même les plus humbles paysans tiennent en réserve, en leurs cœurs, on ne sait quoi de sombre et d'énergique. Ils font leur besogne, méthodiquement, comme si la guerre n'était qu'un mauvais rêve et que, seul, le réveil importait.

De toutes ces villes et de tous ces villages en cendres, se lèvera une renaissance admirable. On reconstruira la bibliothèque de Louvain, l'église Saint-Pierre, la maison communale d'Ypres, les tours de Dixmude et de Nieuport, et l'on en scellera toutes les pierres avec un mortier aussi dur et aussi solide qu'est dure et solide l'aversion qu'on éprouve actuellement pour les Allemands.

Ceux qui sont tombés à Ypres, à Dixmude, à Nieuport, seront glorieux à jamais. Leurs tombes seront des endroits sacrés. Le moindre village de la côte flamande aura, dans son étroit cimetière, comme une école sous terre, d'où les enfants, à chaque anniversaire, emporteront les leçons d'une race aussi tenace que l'eau, la pluie et le vent de leur contrée. Les plus beaux jours de la Flandre sont encore à venir. Nos morts nous en donnent l'assurance silencieusement.

LES VILLAGES
ET LES HAMEAUX DE FLANDRE

LES VILLAGES ET LES HAMEAUX DE FLANDRE

Si l'Angleterre est une prairie immense, semée de quelques champs labourés, la Flandre est un damier dont le seigle, le froment, l'avoine, le lin, le trèfle, occupent les différentes cases. De petites fermes, aux étables propres et chaudes, aux portes et aux volets peints en vert, aux toits rouges et aux pignons blancs, animent la campagne du bruit de leurs fléaux battant le blé, ou de leurs roues fouettant le lin.

La vie humble et pacifique se tasse là, par villages. L'église est comme le palais du bon Dieu. On y prodigue les statues polychromées des saints et l'or et la soie des bannières. L'orgue y donne un concert quotidien. Aux grandes fêtes, les autels se surchargent de chandeliers d'argent; les plus belles chasubles ornent les épaules des prêtres; les meilleurs chantres du canton entonnent le chant de Noël ou l'alleluia de Pâques. Tout y revêt un caractère tranquille et religieux. L'art n'est absent d'aucune cérémonie et instaure on ne sait quelle joie grave dans le moindre des hameaux.

La Flandre est belle de la beauté des siècles. Elle est fleurie de traditions calmes et de chefs-d'œuvre ardents. Au fond de toutes ses chapelles, un tableau soit gothique, soit renaissance évoque les écoles de Van Eyck ou de Rubens. On y surprend le couronnement d'une Vierge bien en chair, ou l'apothéose d'un beau Christ entouré d'anges. Les Saintes se montrent parmi les guirlandes de roses. La famille du Christ ressemble aux familles flamandes qui sont aisées et passent les heures en des salles blanches, avec, pour compagnons, un oiseau dans une cage ou un perroquet sur un perchoir.

Tel est le décor d'un village, en Flandre. Il se compose, en outre, d'une rue principale où habitent le notaire, le brasseur et le médecin ; et de deux ou trois rues secondaires qui se rattachent à la première, comme les branches s'attachent au tronc d'un grand arbre. Aux carrefours de ces différentes voies, une statuette de Marie, mère de Jésus, se détache à l'angle d'un mur et les bonnes dames du notaire, du brasseur et du médecin ont toujours soin de l'entourer de fleurs nouvelles, au mois de mai.

Une fois par semaine, le marché s'installe sur la grand'place ou bien autour de l'église. Les fermiers y viennent vendre et du lait et du beurre; les garçons de ferme y amènent de jeunes porcs et parfois quelques brebis; les vendeuses de toiles y déploient leur éventaire. Pauvres négoces, affaires restreintes, mais qui suffisent à créer un peu de fièvre et d'ardeur hebdomadaires.

Au temps des kermesses, cette fièvre et cette ardeur montent jusqu'à une sorte de folie. Alors tous les cabarets tintamarrent. On ouvre des salles de danses, partout. De violents orchestres — un cornet à piston, un violon, une clarinette, un tuba — fouetter de leur bruit les croupes de cent couple tournoyants et massifs. Ceux-ci ne cesser de s'enlacer et virevolter durant des heure Quand le quadrille remplace la polka ou valse, ces mêmes danseurs frappent avec un telle force le sol, du bout de leurs talons, qu les carreaux se brisent. Parfois aussi, couteau apparaît dans les bagarres pour faire sa besogne rouge. Les gars se di putent la préférence des filles; les amants s querellent; les vieux fermiers se soûler et la ripaille truculente célébrée jadis pa Brauwer et Craesbeke ressuscite, à pein transformée.

Telle est, ou plutôt telle était, la vie d'u petit village des Flandres, du Brabant, d Hainaut et du Liége, avant l'arrivée des Alle mands. Ceux qui le traversent à cette heure ne le reconnaissent plus.

Les journaux nous renseignent sur le villes. Ils ne s'inquiètent pas des hameau perdus, au loin, dans les campagnes. Je sai tels coins des Ardennes ou de la Hesbaye o de la Famenne ou du Borinage ou du Brabant ou de la Flandre où les paysans sont littéralement affamés. En temps de paix, ces humbles gens vivent du produit de leurs fermes. Ils tuent leur porc, ils le salent et le mangent lentement, semaine à semaine, pendant l'hiver. Ils ont leur provision de pommes de terre en leur cave et leurs vingt sacs de blé dans leur grenier. Depuis des années et des années, ils ont agi de même. Le monde pour eux c'est leur unique maison isolée, là-bas, au loin. Ils y ont entassé toute leur subsistance et tout leur avoir. Ils ont été travailleurs pendant tout l'été pour que le pain et la viande ne leur soient pas refusés aux jours de détresse. Ils se sont ainsi fait leur propre providence. Ils espèrent, ils ont confiance. Il n'est pas possible, à leurs yeux, qu'aucune loi, soit divine, soit humaine, ne les prive de ce qu'ils ont récolté et engrangé, légitimement, pour eux, leur femme et leurs enfants.

Au commencement de la guerre, les uhlans arrivaient au milieu de leurs hameaux, par petits groupes. Ils s'arrêtaient, interrogeaien et s'en allaient plus loin. Ils n'étaient pa encore féroces. Sachant qu'on pouvait leu dresser des embûches, ils s'amadouaient. I eussent voulu aborder les gens presque e amis. La peur les rendait sociables.

Plus tard, quand des régiments entier pénétrèrent où les premiers uhlans avaien passé, l'arrogance allemande s'affirma tout coup. Des pillages eurent lieu et surtout de massacres. Les gestes qui jadis étaient crain tifs se firent féroces. On sait ce qu'il fallut d sang versé et de ruines accumulées pou assouvir la barbarie teutonne.

Aujourd'hui que les villages, après le incendies éteints, sont de nouveau abandon nés à leur solitude, et que ce que la flamm et le fer ont épargné continue à exister quan même, il faut bien que l'on songe à l'exis tence et à la vie silencieuse et sinistre, non pas seulement des petites villes proches mais aussi des campagnes profondes.

Je me figure ce qu'est, à cette heure, l'ago nie d'un hameau de Campine ou d'Ardennes ici, dans les bruyères; là-bas, dans les vallées ou les fagnes. Tout ce qui — comme je viens de le dire — devait assurer la subsistance des pauvres, a été réquisitionné ou volé. Leurs quelques vaches? L'intendance les a tuées. La cour, où quelque truie prolifique et farouche traînait autour d'elle sa progéniture grouillante et grognante, tout fut raflé, voici trois mois. L'argent qui fut donné en échange n'était qu'un billet à échéance lointaine. Bien plus, les sacs de farine furent descendus des greniers ; les navets, mis en des silos, furent enlevés; le foin et la paille devinrent la propriété de la cavalerie qui s'éloignait. La ferme entière fut ainsi vidée; il n'y resta que les habitants privés de tout. Même on leur déroba les couvertures de leurs lits misérables et les matelas de leur dernière couchette. Ils n'eurent plus en leur possession que les murs de leur chaumière et les quelques tuiles de leur toit. Désormais, de quoi vivront-ils? Ils n'ont point appris à s'en aller ailleurs chercher leur pain. Ils sont loin des villes; ils en ignorent souvent les chemins. Les connussent-ils, aucun secours ne pourrait leur en venir puisque les villes, elles aussi, ont été pillée et saccagées, et que les boutiques en son closes.

Seulement, dans les villes, ce qui reste d l'autorité dispersée veille encore et peu peu s'organise : des comités voisins s'inté ressent au sort des citadins. L'étranger qu envoie des vivres les expédie à ces derniers Dès qu'il y a groupement, il y a chanc d'être entendu et secouru. Même dans le petites cités, l'on s'aide et l'on se console. U tronçon de chemin de fer y aboutit encore Des charrois les traversent. Un citoyen éne gique y rassemble, grâce à son activit quelques rares, mais efficaces subsistance: Des lueurs d'espoir brillent à travers les plu opaques nuages. Tout n'y est pas mort, désolé.

Dans les hameaux, au contraire, toute in tiative fait défaut. Aucun secours n'arriv La plainte est isolée et demeure sans éch Les chaumières ne se touchent pas. Ell sont dispersées à travers la campagne. Ell apparaissent dans les brumes, comme les îles de la détresse et de la faim.

Aussi, ceux de nous qui compatissent vraiment à la fatalité sans exemple qui pèse sur la Belgique, approcheront-ils surtout leur cœur du cœur désespéré du paysan. C'est là que se tait la plus grande misère. Car, malgré toute sa douleur, il ne se lamente pas, ce cœur qui donna à la patrie ses trois ou quatre fils. Eux, ils sont là-bas, en pleine tourmente, morts ou vivants, il ne sait pas.

Ce soir, — c'est la Noël — il s'assied par habitude devant son âtre froid. Puisque ses bras sont condamnés à ne faire plus rien, c'est sa pensée qui vagabonde.

Et cet homme de force fruste et silencieuse, qui fut héroïque quand il le fallut, songe à cette heure à sa mort inévitable, dans sa maison, qui fut jadis celle de son père. Il se sent seul et sans secours. Il se sent seul au bout de sa plaine, et c'est comme s'il était seul au bout du monde.

Dites, la pitié humaine est-elle donc à ce point circonscrite qu'elle ne peut s'en aller, là-bas, soit en Flandre, soit en Wallonie apporter quelque force à cet homme obstiné ment taciturne et qui, demain, peut-être, n sera plus ?

(Noël 1914.)

DIXMUDE, NIEUPORT, YPRES

DIXMUDE, NIEUPORT, YPRES

Je n'ai pu les visiter que de loin, elles, les chères petites villes : Nieuport, Dixmude, Ypres !

Avec quelle émotion ai-je revu la côte, le seul morceau de terre libre qui restât de ma patrie ! Joie, douleur, tous les sentiments puissants et fous m'assaillaient. Je riais et pleurais en même temps. Jamais je ne sentis mon cœur aussi près de celui des miens. J'eusse voulu être, ne fût-ce qu'un instant, à moi seul, tous mes ancêtres, pour aimer la Flandre, non pas avec une âme, mais avec cent âmes à la fois. Le besoin de me prolonger et de me répandre devint si impérieux que je souffris de n'être que moi-même. Oh !

l'admirable et consolante exaltation, qu'en silence, je subissais !

Les premiers obus que je vis éclater dominaient Nieuport-Bains. Dès qu'ils touchaien le sol, une lourde fumée noire s'élevait. La nuit, au contraire, ils éclairaient le ciel comme la foudre. C'était effrayant et magnifique.

Nieuport-Bains n'est qu'une rangée de demeures modernes plus ou moins jolies, au long d'une digue de pierres et de briques Nieuport-Ville est, au contraire, un lieu de silence et de beauté. Oh ! les petites maisons coites ; les fenêtres à petits rideaux que soulève une main curieuse, dès qu'un passant traverse la rue ; les trottoirs à pavés inégaux que la mousse et l'herbe encadrent ; la jolie place autour de la vieille église où de grands arbres installent leur ombre ronde, et puis, là-bas, tout au bout de la ville, l'immense tour des Templiers qui se dresse, soit comme un menhir gigantesque, soit comme un fragment de temple égyptien. Je ne sais rien de plus inattendu que l'apparition de ce colosse rectangulaire en plein pays de routes et de champs plats. On dirait d'un témoin de tout ce qui fut grand et noble aux temps héroïques. Il impose la force et la ténacité. Il veut hausser le présent à la taille du passé. Il refuse de s'effondrer; il accomplit une mission, d'autant plus impérieuse qu'elle est silencieuse.

Les Allemands ont canonné cette tour sans la pouvoir abattre. C'est que l'idée qu'elle symbolise est plus ferme encore que leur rage organisée et terrible.

A Dixmude, outre une place large et pittoresque, qu'une vieille et merveilleuse église rehausse par sa présence, il est un béguinage petit et recueilli où l'on vit comme au bout de la terre. On ne peut croire jusqu'à quel point l'isolement y est total. Des béguines — trois ou quatre le matin, cinq ou six l'après-midi — traversent, chacune à son heure, les quelques chemins de l'enclos. Une guimpe blanche encadre leur visage, et met comme une lumière douce et apaisée autour de leurs traits. Derrière les fenêtres, de vieilles femmes, usées par la vie, emploient leurs pauvres mains à de menus ouvrages. L'été, elles prennent l'air au seuil des portes. Mais tout l'hiver, on les voit assises à la même place, n'ayant pour compagnon qu'un vieux livre de prières, ou bien la flamme rare et fluette de leur foyer. Elles ont fait leur trésor et de l'habitude et de la monotonie. Un grand mur blanc, un Christ au trumeau, une petite statue de sainte sur la cheminée, quelques chaises de paille avec un paillasson de joncs devant chacune d'elles, suffisent à leurs désirs de propreté stricte et de bonheur minime. Vraiment, si la Vierge revenait sur terre, elle choisirait pour vivre en recluse, après la mort de son fils, un tel séjour de pauvreté, de calme et de bonne pensée.

Ypres, à l'encontre de Nieuport et de Dixmude, est la ville au passé belliqueux et magnifique. Sa grand'place est, après celle de Bruxelles, la plus belle qui soit. Son hôtel de ville, sa cathédrale, ses halles, tout y est rassemblé. L'hôtel de ville et la cathédrale sont assurément des fragments d'art de grande beauté, mais les halles sont uniques au monde. Leur sévérité, leur étendue, leurs lignes symétriques et prolongées, leurs toits pareils à d'énormes ailes empennées d'ardoises, leurs murs élancés et droits, leur masse puissante me fait songer à quelque arche gigantesque. Une ville entière pourrait s'y réfugier, en cas de péril. A l'intérieur, un peintre modeste, mais dont le nom mériterait d'être prononcé par la gloire, a passé sa vie à peindre une vingtaine de fresques, toutes imprégnées de l'histoire de la ville. Il s'appelle Delbeke. Aucun dictionnaire de contemporains célèbres ne fait mention ni de sa naissance, ni de sa mort. Il vécut humblement, dans un édifice illustre, pendant des années et des années, n'ayant qu'un seul désir : ne point déshonorer par son art les murs imposants dont on lui avait confié le sort. Non seulement, il ne les déshonora pas, mais il les fit plus précieux et plus pathétiques. Il y traça en lignes belles et en couleurs calmes, les gestes des grands citoyens, des comtes bienveillants et des magistrats solennels.

Les halles d'Ypres sont un bâtiment municipal. Jadis, les drapiers, les tisserands et les foulons en firent le centre de leurs trafics. Elles virent les révoltes et les émeutes populaires. Elles tressaillirent d'angoisse et de fièvre, ou de joie et d'orgueil. Elles étaient les siècles, debout.

Ce qui distingue Ypres de Bruges, c'es que la ville n'est pas aménagée comme ur musée. Bruges, tout autant que Nuremberg est une cité pour touristes. On y construi de faux monuments en style ancien, et l'or désire que le visiteur peu averti les prenn pour des monuments authentiques. A Ypres rien ne trompe. La ville ne fait pas une sort de toilette archéologique pour induire le étrangers en erreur. Le présent s'y ente su le passé, et laisse voir la trace de la greffe C'est plus probe et plus loyal.

Voilà ce que sont ou plutôt ce que furen les trois glorieuses petites villes de la Flandr maritime, avant la guerre. Que sont-elle aujourd'hui ?

Elles formaient comme une trinité calm

et glorieuse. Qui prononçait le nom de l'une d'elles était tenté immédiatement d'y joindre les noms de ses deux sœurs. La mer les aimait. Elle accourait vers elles avec so bruit de vagues, et surtout avec ses grands vents d'équinoxe, dont la vaste et sauvage chanson les berçait. Leurs tours regardaient au delà des dunes passer au large les grands navires. Elles commandaient à un pays fertile que les aïeux, au début de l'histoire, avaient volé aux flots. De belles routes bordées de saules menaient d'Ypres à Dixmude, et de Dixmude à Nieuport. Les trois villes ne demandaient qu'à vivre en paix, sous le soleil, quand, tout à coup, on les choisit pour vivre sous l'orage et l'effroi des canons.

Il paraît qu'à cette heure, elles ne sont plus que ruines. Des photographies prises aux jours des bombardements montrent les halles d'Ypres en flammes. D'entre les joints des ardoises, s'élève l'unanime fumée ; puis le feu apparaît comme une loque d'étoffe rongée ; enfin, tout n'est plus qu'incendie. Le beffroi demeure debout comme une sorte d'Hercule sur le bûcher, mais bientôt il ne sera plus lui-même qu'un formidable squelette de pierre, que la grande cloche, qui fut son âme, n'habitera plus jamais.

A Dixmude, dans l'église principale, un chef-d'œuvre de Jordaens décorait l'autel. Il représentait l'*Adoration des Mages*. Au fond du tableau apparaissait, en une très humble posture, le bon saint Joseph. Des manants de Flandre, la figure hilare, le geste irrévérencieux, se moquaient de lui, tandis que toute la pompe d'Orient s'étalait à l'avant-plan du tableau. Cette scène gaillarde se mêlant à un sujet religieux synthétisait savoureusement l'esprit flamand, à la fois mystique et sensuel. Le chef-d'œuvre existe-t-il encore ? Est-il tombé sous les coups de la mitraille allemande ? Est-il en route pour Berlin et s'apprête-t-on à l'accrocher aux murailles du Kaiser Friedrich Museum ?

Ypres, Nieuport, Dixmude auront droit, peut-être plus que d'autres cités, à un exact règlement de comptes, quand l'heure en sera venue. Elles ont été plus éprouvées, plus constamment et plus longuement torturées; elles étaient villes ouvertes; elles ne pouvaient penser qu'on les viendrait chercher si loin, au bout du pays, pour les martyriser et les réduire en cendres.

Plus que Gand, que Bruges et qu'Anvers, elles sont restées purement flamandes. Elles vivent avec des dialectes clairs et sonores qui expriment l'âme thioise de manière plus élégante et plus vive que la morne langue savante et administrative des grandes villes. La guerre les a fait sortir, avec brutalité, du silence où elles se complaisaient; elles ne demandent pas mieux que d'y rentrer aujourd'hui, à condition que ce soit, non pas le silence tombal allemand, mais bien celui que la douce Flandre étendit sur elles, au beau temps de la paix. Le vieux poète Ledeganck fit jadis une ode intitulée : *Les trois villes sœurs*. Il y célébrait Bruges, Anvers et Gand. Aujourd'hui, c'est Nieuport, Ypres et Dixmude qu'il faudra chanter en conservant le titre que le vieux poète avait choisi.

ALBERT Ier
ROI SANS PEUR
ET SANS REPROCHES

ALBERT Ier
ROI SANS PEUR
ET SANS REPROCHES

Tous ceux qui le connaissaient avant qu'il montât sur le trône, certes, ne doutaient point de lui, mais se demandaient comment il allait se révéler. Il était d'une race de rois qui ne se développent que sur le tard. Léopold Ier ne parvint à sa renommée d'arbitre européen qu'à l'âge de cinquante ans; Léopold II fut d'abord tenu en respect par ses grands ministres : Rogier et Frère-Orban. Il fallut qu'il secouât leur tutelle avant d'être celui qui ouvrit à la civilisation l'Afrique ténébreuse et fit, pour ainsi dire, le don au monde d'un nouveau continent. Le second roi des Belges eut donc, comme le premier, des débuts hésitants et modestes.

Quel éveil était réservé au troisième?

Au temps où il était prince, Albert Ier s'occupait de questions sociales et de questions militaires. Il en parlait avec réserve ; mais quiconque avait l'honneur de converser avec lui, s'apercevait bientôt que rien n'était appris à la légère. Il eût pu, certes, réaliser avec son gouvernement, quelques nettes et hardies réformes économiques et démocratiques. Il semblait, peu à peu, marquer le pas en de telles voies, quand, tout à coup, éclata la guerre

Je n'oublierai jamais ce jour du 4 août 1914 où je le vis entrer au Parlement et en sorti après avoir communié avec toute la nation, à la veille de notre Pâques sanglante.

Ce fut notre Pâques, en effet. Nous allions ressusciter. La guerre nous était déclarée L'angoisse était partout. A la frontière un immense écroulement d'hommes et d'armes menaçait nos vieux forts de Liége ; nous étions le petit nombre en face de la multitude ; nous ne pouvions espérer vaincre notre gloire ne devait surgir que de notre résistance. Nous fîmes simplement notre devoir, et, le faisant, nous fûmes renouvelés du coup. La fierté, l'ardeur, l'héroïsme, le sacrifice, tout ce que notre bien-être matériel, nos finances prospères et notre richesse lourde nous avaient empêchés de découvrir en nos âmes, apparut au jour, et fit, pendant quelques semaines, de la petite Belgique, un grand peuple.

La patrie n'était, pour la plupart de nous, qu'un prétexte à discours officiels et à cantates populaires ; nous n'étions guère chauvins ; bon nombre d'entre les meilleurs de nous déploraient d'être d'un pays minime. Les uns eussent voulu être Français ; les autres, Anglais ; quelques-uns, même, — c'étaient les Flamingants, — désiraient se faire Allemands. Aujourd'hui, toutes ces velléités diverses ont disparu. Nous sommes tous des Belges, sans plus. Nous le sommes, tenacement, jusqu'à la mort. Nous avons foi dans notre contrée, comme les croyants ont foi dans le ciel.

Notre troisième roi incarne cette résurrection. Seul parmi tous les chefs et empereurs engagés dans la guerre, il s'est mêlé à ses troupes, il a partagé avec elles le péril et la gloire, il a vécu près des tranchées, il s'est maintenu pendant huit mois dans l'atmosphère angoissante et terrible de l'attaque ou de la défense, il a été la vaillance tranquille, la résistance acharnée, la force vivace et profonde. Bien plus : devant ses généraux et ses officiers, il s'est, à maintes reprises, montré un tacticien perspicace et habile ; il leur a imposé ses idées, et il s'est trouvé que ces idées étaient efficaces et heureuses. Au fur et à mesure que les événements sombres et cruels se déroulaient, on trouvait en lui des vertus plus sûres et des qualités plus nettes. La guerre semblait faite pour qu'il se découvrît lui-même, pour qu'il sortît de l'attente et de la réserve, pour qu'il prît place, non pas à la suite, mais à côté de ses deux prédécesseurs illustres. Si Léopold Ier était un diplomate, Léopold II un colonisateur, lui, il était un soldat.

Il l'est de la bonne manière qui n'est pas celle de l'empereur d'Allemagne. On s'en aperçut dès le début de la campagne. Leurs proclamations étaient toutes différentes. Guillaume II était le rhétoricien mystique, l'homme de la parade littéraire qui ne se sent fait que pour étonner et non pas pour combattre. Albert Ier ne disait que des mots simples et sincères. Il parlait de prendre le fusil lui-même et de courir à l'ennemi. Il n'appelait pas le ciel à la rescousse. Il ne mentait pas. Il ne se disait ni l'envoyé de Dieu, ni le favorisé de la Vierge. Il invoquait la Providence le plus naturellement du monde, et se fiait, pour le reste, à son courage et à son bras.

Ce n'est pas lui qui se complaît dans l'existence décorative des Cours. Il ne se ménage pas des entrées tintamarresques dans les villes ; il ne se pose pas en Lohengrin sur l'avant de son yacht ; il fait le moins possible de bruit inutile sur la terre ; il ménage ses gestes et ses paroles : il aime aller à pied.

Son abord n'a rien d'intimidant. Bien au contraire, c'est lui qui hésite. Seule, une franche poignée de main vous souhaite la bienvenue. La conversation est lente ; mais, dès qu'elle se prolonge et se dégage de la banalité presque inévitable d'un premier entretien, elle apparaît nourrie et surveillée. Le roi a des lumières de tout. Bien qu'il ne soit guère poète, il cite certaines strophes qu'il a notées pendant ses lectures. Le mouvement d'art qui illustre, pour l'instant la Belgique, trouve en lui un admirateur zélé. Il le comprend, l'appuie, l'exalte. Il fut le premier de nos rois qui en tint compte dans un discours du trône.

Le peuple aime Albert Ier parce qu'il est un « beau gars ». Jamais un roi manchot n'atteindra chez nous à la popularité. Il faut que celui qui règne puisse tenir une épée à deux mains. Albert Ier est sain, large, puissant. Il incarne l'idée que les Flamands et les Wallons aiment à se faire de la beauté. Ils ne la séparent jamais de la force. Il savent qu'au besoin, leur roi serait un ferme et résistant convive aux tables des ducasses et des kermesses. Le Belge est égalitaire plus qu'homme au monde. La morgue et l'arrogance teutonnes lui sont insupportables. Voir passer à Bruxelles un officier allemand et surtout l'y voir passer sérieusement au pas de l'oie, est regardé par le bon sens bourgeois comme la sottise même qui marche et qui défile. Albert Ier a eu soin d'être un soldat qui ne parade pas. Il possède cette familiarité naturelle que le peuple exige de ceux qu'il aime et vénère le plus.

Dans la conquête de sa popularité, qui fut rapide d'abord et ferme ensuite et définitive plus tard, le roi fut aidé par sa compagne, la reine. Elle comprit immédiatement les gestes qu'il fallait faire, les mots qu'il fallait dire, les vertus qu'il fallait montrer. Elle eut pour armes sa timidité, sa force douce, son tact. Les artistes l'aimèrent en même temps que le peuple l'aima. Elle était musicienne. Son intérêt et son amour pour l'art débordèrent sur la littérature. Elle s'entoura d'œuvres de choix ; et les peintres et les sculpteurs vinrent à elle. Dans le palais de Bruxelles, elle s'était aménagé trois ou quatre salons d'après ses goûts. Les dorures, les colonnes, les lustres, les candélabres officiels en avaient été supprimés. De simples tentures unies pendaient le long des murs. Et sur elles, avec un goût simple et juste, elle avait disposé quelques toiles de jeunes peintres belges qu'elle défendait à l'occasion. Ceux qui avaient l'honneur de la connaître et de pouvoir lui parler en toute franchise, savaient que tout mouvement artistique sincère et nouveau l'intéressait. Elle ne demandait pas mieux que de se laisser conquérir par lui.

Cette guerre a montré à tous combien elle, la première, servit son roi. Elle fut à ses côtés pendant les jours tragiques du siège d'Anvers ; et plus tard, sur la côte, quand les plus rudes batailles se donnèrent en Flandre. Elle demeura fidèle à son poste d'épouse et d'amie. Elle apparaît frêle et menue; mais quelle âme ardente, silencieuse et intrépide anime ce corps délicat !

Une heure avant son départ de Bruxelles pour Anvers, j'eus l'honneur de lui faire visite. Son palais, dans lequel, trois jours après, l'ennemi allait entrer en vainqueur, était en partie transformé en hôpital. Elle voulait rendre une dernière fois, visite à ses soldats blessés. Elle était calme, imperturbablement. Aucune plainte qui l'eût diminuée ne sortait de sa bouche. Après cette suprême visite, elle partit pour l'inconnu avec toute sa foi.

L'avenir sera accueillant à une telle reine et à un tel roi. Les sombres historiens teutons auront beau nier la beauté de leurs gestes et de leurs actes, l'unanime admiration et l'unanime respect de leur peuple leur feront cortège à travers les siècles. Ils ont pour eux la jeunesse, la clarté, la souffrance, le courage et l'invincibilité de leurs âmes. Ils ont surtout pour eux leur loyauté. L'homme qui, au milieu des compromis, des marchandages, des demi-traîtrises et des demi-fidélités que les partis politiques, les diplomaties et les cours européennes admettent et encouragent, eut la force de demeurer clair, intact, honnête, alors que tout le sollicitait à se départir du simple et fondamental devoir, s'est acquis pour jamais une place, non seulement dans l'histoire, mais dans la légende. Il y entraîne à sa suite la compagne de sa vie qui, elle aussi, fut heureuse d'être loyale. Si bie qu'elle, la Reine et lui le Roi, sont désorma destinés, soit aux poèmes, soit aux co ronnes que l'art seul chante, compose, tres et départit.

L'ALLEMAGNE INCIVILISABLE

L'ALLEMAGNE INCIVILISABLE

La vie n'est pas un moyen, la vie est un but. Voilà ce qu'il faut se dire pour vraiment exister sur la terre. D'où l'obligation de perfectionner la vie, de la rendre belle et haute, et d'en faire un chef-d'œuvre. D'où le mépris et la haine pour ceux qui la veulent ternir, soit par leur pensée, soit par leurs actes.

L'Allemagne agit contre cette vie précieuse. Il y a peut-être une culture allemande, mais il n'y a pas de civilisation allemande.

L'esprit de société, de fierté, de liberté, est indépendant, non pas de l'intelligence, mais de la connaissance. Le professeur allemand est une bibliothèque qui marche. Il emmagasine, il dispose, il commente. L'arrangement et la discipline lui tiennent lieu de tout. Ils lui inculquent lentement l'espri de dépendance et de servilité. C'est peut-êtr parce qu'il classe beaucoup, qu'il est si plate ment soumis. Tout se rapporte à une échelle à une montée, ou à une descente. Tou devient compartiment. Quoi d'étonnant alors que tout se matérialise et que l'esprit d chaque Teuton ne prétende être qu'une sort de case rigide et morne, dans une sorte d damier social.

On l'a déjà dit : l'Allemand n'invent quasi rien. Il travaille sur l'invention d'autrui Pour inventer, il lui faudrait l'esprit de rébel lion contre ce qui est. Il ne peut l'avoir. I est l'être qui accepte, toujours.

Mais, dès qu'une découverte nouvelle a jailli, il l'accapare. Il l'examine patiemment il la tourne et la retourne en tous sens il en fait, pour ainsi dire, le procès. I parvient ainsi à en augmenter la puissance Bien plus, il veut qu'elle serve et qu'elle soi classée dans la pratique, tout comme lui même sert et est classé dans la vie.

Jamais les Allemands n'ont ouvert un

;rand'route dans la science. Ils n'ouvrent ue des chemins latéraux. Leibniz et Kant ccrochent leur voie à la chaussée royale de)escartes ; Hœckel ne serait guère, si Darwin 'avait existé ; Koch et Behring s'appuient sur es travaux de Pasteur.

Cette science de seconde main est excel- ente pour attirer les hommes médiocres. 'ravailler, chacun dans son petit coin, pour ésoudre quelques questions secondaires et e croire quelqu'un, quand on est à peine uelque chose, flatte la vanité universelle. 'outes les petites universités de province euvent se donner l'illusion d'être remplies e savants, grâce à la conception allemande e ce qui est docte et sérieux. C'est l'enca- ernement tranquille en des laboratoires et négation absolue de l'esprit d'initiative, de pontanéité, et surtout de l'esprit de protes- ation et de révolte. Si le peuple allemand ût été vraiment civilisé, jamais il n'aurait u garder le silence devant l'assassinat de la elgique. Bien plus : parmi ceux dont les lées sont contraires à tout l'ordre politique

actuel, aucun ne s'est dressé contre ce crim
admis et proclamé au début de la guerre, e
plein Parlement, par le chancelier Bethman
Hollweg lui-même. L'étonnement universe
après un tel silence, fut si grand, qu'aujou
d'hui encore, le monde n'en est pas reven
A part Liebknecht, toute la social-démocrat
s'est comme déshonorée : on la veut rejet
de l'Internationale. Elle s'excuse : elle aggra
sa faute. Elle dit :

— On aurait arrêté et emprisonné m
hommes.

On lui répond :

— Ont-ils donc peur de souffrir ?

Dans la social-démocratie, tout était m
thodique et organisé comme dans les un
versités et les armées allemandes. Elle éta
forte de je ne sais combien d'électeurs. C
la croyait déjà triomphante et invincible. C
disait :

— C'est elle, l'Allemagne. Elle doit serv
d'exemple à toutes les démocraties de
terre.

Ceux qui ne juraient que par elle affi

maient qu'elle dévorerait l'impérialisme, quand il le faudrait. En août dernier, en une heure, au Reichstag, c'est elle qui fut dévorée.

Lors d'une récente visite à la Maison du Peuple de Bruxelles, quelques socialistes allemands s'étonnèrent que les démocrates belges attachassent tant d'importance à l'envahissement de leur territoire.

— Qui donc vous lie à votre patrie ? interrogèrent-ils.

— L'honneur, répondit-on.

— L'honneur ! L'honneur ! c'est un idéal bien bourgeois, interrompirent les Allemands.

Or, une civilisation vraie a précisément pour armature l'honneur.

L'honneur n'est point un idéal bourgeois, mais un idéal aristocratique. Il fut créé par l'élite humaine, à travers les siècles, lentement. Quand la force s'éduque, elle s'oppose à elle-même ; elle se limite et s'endigue ; elle devient intelligente et se tempère de réserve et de tact. La force brutale se mue ainsi en force morale ; le pouvoir devient le droit.

Plus une nation se prête à un tel changement, plus elle s'élève du plan matériel au plan spirituel, plus elle instaure dans ses institutions le respect de l'être humain total, plus elle se civilise et se grandit.

Une telle nation reste fidèle à sa parole ; l'intérêt, ni même la nécessité, ne lui impose point la félonie ; elle aime à protéger et non pas à supprimer ceux qui sont plus faibles qu'elle ; elle prend à cœur de propager à travers le monde certains principes de vie sociale qui, certes sont des utopies, mais qu'il est beau d'avoir sous les yeux et dans le cœur, afin de vivre, non pas uniquement pour le présent, mais aussi pour l'avenir.

Ces principes admirables, qui ne seront jamais mis intégralement en pratique, mais dont il faut tâcher de se rapprocher toujours, sont l'expression de la générosité humaine la plus profonde. Ils sont la négation radicale de la force brutale et primitive ; ils orientent le monde vers une paix unanime et sereine ; ils ont foi dans la perfectibilité infinie des consciences. Seule, une nation à civilisation haute peut concevoir de telles relations parfaites entre les humains et se bercer de tels grands rêves. L'Allemagne n'en fut jamais capable, parce que l'individu allemand est le moins souple et le moins éducable qui soit.

Il m'a été donné d'assister, en certaines capitales européennes, à de nombreuses réunions où Anglais, Français, Italiens, Russes, Allemands se coudoyaient et conversaient. Ils étaient tous, m'assurait-on, des êtres de choix. Leurs différentes nations pouvaient s'en montrer fières. Or, l'Allemand s'y trouvait rarement en excellente posture. Il était, à la fois, gêné et arrogant. Sa politesse était toute pelliculaire. Il avait comme peur de ne point paraître au courant de tout. Le goût le plus excentrique lui paraissait le meilleur. Il prétendait que pour bien être de son temps, il fallait être de la minute de son temps. Il eût été désolé si quelqu'un, en sa présence, se fût réclamé, non plus de la minute, mais de la seconde de ce même temps.

Dès qu'on le laissait parler et qu'on l'écoutait, il inaugurait un cours. La clarté ne lui était point nécessaire. Le délié et le subtil qui induisent les autres à rechercher la perfection et dans la phrase et dans la pensée ne le séduisaient guère.

Avec quelle pesanteur le diplomate allemand se meut-il autour des tapis verts ! Avec quelle gaucherie, le conquérant allemand s'implante-t-il en pays conquis !

Tandis qu'une France, au bout d'un demi-siècle, se fait aimer en Savoie, à Menton et à Nice ; tandis qu'en deux siècles, elle s'assimile et Lille et Dunkerque, et Strasbourg et l'Alsace ; tandis qu'une Angleterre, en quelques décades, s'attache et l'Egypte et le Cap, l'Allemagne demeure celle qu'on exècre, en Pologne, dans le Slesvig et dans l'Alsace-Lorraine. Elle est essentiellement la *persona ingrata,* partout où elle se présente. Elle ne connaît que les gestes qui séparent et non ceux qui unissent. Elle fait des proclamations qui agissent sur les esprits comme le gel agit sur les plantes. Elle ne sait ni attirer, ni séduire, ni civiliser, parce qu'elle n'a pas de force morale, personnelle et profonde. L'Europe, sous les successives hégémonies spirituelles d'Athènes, de Rome et de Paris, est demeurée le plus admirable centre de développement humain qui fut jamais. Sous l'hégémonie allemande, elle s'acheminerait vers une sorte d'organisation morne et dure où tout ne serait impeccablement disposé que parce que tout y serait supérieurement tyrannisé.

Car la vraie Allemagne — nous en avons, aujourd'hui, la triste, mais inébranlable conviction — ne fut qu'accidentellement celle de Gœthe, de Beethoven, ou de Heine ; elle fut au contraire presque toujours celle des landgraves implacables et des soudards sanglants. Depuis mille et mille ans, elle lâche ses hordes sur l'Europe. Elle continue à le faire à cette heure. C'est sa sinistre et terrible fonction. Seulement, ne nous y trompons plus, à l'avenir : elle est la nation dangereuse, parce qu'elle est la nation incivilisable, et que ses châteaux, ses campagnes et ses casernes sont demeurés le réservoir inépuisé, et peut-être inépuisable, de la férocité humaine.

L'ALLEMAGNE ET L'ART

L'ALLEMAGNE ET L'ART

Pour que les peuples vivent, il ne faut pas que l'un d'eux vive pour lui seul, avec arrogance et fureur. L'Allemagne veut que sa vie absorbe toute autre vie. Elle se proclame la nation suzeraine qui ne doit compte qu'à elle-même de ses excès. Elle se croit faite pour sentir, penser et vouloir au nom des autres. Elle prétend définir ce qui est permis et ce qui ne l'est pas. Elle usurpe ainsi sur la terre le rôle, non pas du destin, mais de Dieu.

Facilement elle se persuade que la conquête morale se confond avec la conquête matérielle, et que dominer c'est aussitôt séduire. Sa discipline — ou plutôt sa tyrannie, elle la juge indispensable à toute organisation future. Elle ne se demande pas un instant si

la vassalité graduée et générale que cette di
cipline et cette tyrannie supposent n'est poi
le plus grand obstacle à l'acceptation de sc
hégémonie. Le moyen de règne qu'elle jug
le plus nécessaire deviendrait, en ce cas,
plus inefficace, et sa force la plus certair
deviendrait sa faiblesse la plus sûre.

Pour affirmer et imposer sa suprémati
l'Allemagne restreindra donc, autant qu'el
le pourra, la vie personnelle des autres nation
Elle s'opposera à l'épanouissement de leu
différences et de leurs contrastes ; elle fera
guerre à l'originalité foncière des group
humains, à leurs conceptions différentes
l'effort, de l'ordre et du bonheur. Par cons
quent, qu'elle le veuille ou non, elle fera
guerre au sens spécial qu'ils se sont forn
de la beauté. Ne faut-il pas que l'art, à sc
tour, lui devienne butin et proie? Elle con
battra et niera tout ce qui n'est pas sc
œuvre à elle. Elle le fera parce que sc
orgueil fou lui persuadera qu'il est juste
nécessaire qu'elle le fasse. Même elle s'att
quera au passé. Aucun témoignage, fût-il c

pierre ou de bronze, ne sera écouté s'il s'oppose à la préexcellence de son esthétique. Déjà Reims et sa cathédrale, belle comme la nuit et le jour, sont à terre. Déjà Ypres et ses halles, pareilles à quelque arche merveilleuse, ne sont plus que cendres. Déjà l'église de Saint-Pierre et la bibliothèque de Louvain et le béguinage de Termonde sont morts. A ceux qui s'indignent, l'Allemagne répond : « Je remplacerai avantageusement ces monuments anciens par des monuments nouveaux. Mon goût y pourvoira. »

Etant pédagogique, elle se croit infaillible en toutes choses et veut conséquemment que la splendeur soit modelée, elle aussi, par ses mains seules. Les facultés hautes, qu'un peuple ou qu'un homme, grâce à leur race fine ou à leur génie, possèdent, ne pourront servir que modifiées selon l'enseignement ou le commandement teuton. L'ironie sera surveillée ; l'esprit sera mis à la chaîne ; la spontanéité et l'inspiration libre, abolies. Le rythme du pas de l'oie dominera tous les autres rythmes : on l'entendra jusque dans les poèmes. L'art libre et autochtone aura vécu Il n'y aura plus qu'un art dur, tranchant e luisant comme un sabre.

De cet art terrible, le monde, certes, l'épouvante. Il peut à peine se l'imaginer C'est que, jusqu'aujourd'hui, de siècle e siècle, la beauté, toujours évoluante, a trouv son unité dans la diversité; elle a fleuri e des pays de choix, soit successivement, so en même temps. L'Italie, la Flandre, la France furent surtout privilégiées. Mais, jamais, aucu de ces pays n'a voulu, par des moyens bru taux, imposer aux autres sa supériorité tem poraire. Tout au contraire. Les influence furent réciproques et toutes pacifiques heureuses. Même à certaines époques, a XVe et au XVIe siècles, l'Italie imposait l'admiration de l'univers Fra Angelico, Ve rochio, Botticelli, Massaccio, tandis que Flandre lui répondait en suscitant à la lumiè Van Eyck, Van der Goes, Memling, Juste c Gand, Gérard David, Van der Weyden.

Plus tard, aux noms de Carrache, Ren Dominiquin, Albane, Barroche, Caravach

Bernin, correspondaient ceux de Rubens, Van Dyck, Seghers, Corneille de Vos, Crayer, Jordaens, Teniers. Et l'Espagne, avec Vélasquez, Herrera, Ribéra, Zurbaran, Murillo ; et la Hollande, avec Rembrandt, Vermeer, Ruysdaël, Hobbema, Fabritius, Steen, Hals, Piéter de Hoog ; et la France, avec Poussin, Claude Lorrain, Dughet, Lesueur et Callot, étendaient, à travers l'Europe entière, le rayonnement parti de Flandre et d'Italie.

L'art fut ainsi, en même temps, suivant les contrées où il se développait, spiritualiste ou réaliste, ascétique ou sensuel. Il donnait toutes ses fleurs diverses pour composer et harmoniser son unique guirlande, au long des murs du XVe ou du XVIIe siècle.

Jamais de telles ardeurs vers la beauté n'avaient poussé les peuples modernes : l'antiquité paraissait égalée, sinon surpassée.

Si l'Allemagne était victorieuse de l'Europe, un tel rayonnement, même avec des groupes de génies aussi magnifiques, ne serait plus possible. Elle méconnaîtrait systématiquement et doctoralement toutes les raisons subtiles qui rattachent l'artiste à son milieu libre et vivant, à sa race fière et forte, au centre même de sa force mystérieuse et profonde. Sa volonté de régenter, de dominer, de militariser tout, inquiéterait le producteur de chefs-d'œuvre ; il faudrait qu'il travaillât d'après l'idéal de Munich ou de Berlin ; des règles opportunes et scientifiquement étayées par des raisonnements et des axiomes lui prouveraient qu'il ne crée que de la laideur, s'il ne se résigne pas à travailler comme la tyrannie allemande le lui prescrit.

Lentement, décade par décade, un art européen s'ébauchait. Ceux qui s'y employaient le faisaient sans trop s'en rendre compte. Ils dépouillaient peu à peu leurs natures de ce qu'elles contenaient de trop exclusif et de trop étroit. Ils humanisaient le plus possible leurs sentiments et leurs pensées, sans perdre, toutefois, la marque originelle de leur esprit. Tous restaient ainsi, tout en la dépassant, fidèles à leur race, et nul ne subissait la plus légère des contraintes. Cet art européen,

Allemagne l'attaque en son prime essor. Il montait libre, elle le veut ployer et gauchir. Elle le tue en le forçant, tout à coup.

Après la guerre, il se fera donc, nécessairement, que l'art national et même nationaliste s'affirme à nouveau. La Teutonie vaincue, chacun n'en aimera que mieux le coin de monde qu'il aura failli perdre. On en reviendra à la conception territoriale de l'œuvre écrite ou peinte et les écoles différentes renaîtront, comme par le passé, de pays en pays.

L'Allemagne se repliera sur elle-même, comme après Iéna. Elle réunira ce qui lui restera de forces pour travailler, dans un silence fait de déception et de rancune. L'art, qui ne lui fut guère indulgent pendant sa période de folie et d'orgueil, lui sera peut-être bienveillant dans le malheur.

Les ressources d'un peuple peuvent se comparer à un terrain stratifié. Tantôt, ce sont ses couches profondes; tantôt, ses couches moyennes, et tantôt, ses couches superficielles qui sont mises au jour. Il se peut que les couches qui ont donné à l'Allemag Gœthe et Schiller soient à nouveau exploité et que, pendant quelque temps, les couch profondes qui lui donnèrent de Moltke Bismarck soient négligées.

Nous souhaitons une floraison de l'a germanique : d'abord, pour l'honneur et beauté du monde; ensuite, pour que cet floraison recouvre mille crimes récents, comn les fleurs recouvrent un charnier. L'Allemag de ces derniers temps a déshonoré l'actic par sa guerre et la pensée par sa science. lui reste l'art pour racheter le mal qu'elle f

Ceux qui parlent d'anéantir l'Allemagne r savent pas qu'anéantir un peuple enco jeune est chose impossible. On ne supprin que les peuples usés et vieux.

Mais il faut se défendre contre elle, av vigilance et ténacité. Il faut que la France l'Angleterre se résignent à vivre non pl dans la confiance, mais dans la méfiance. faut accepter, désormais, l'existence âpre tendue, pareille à un arc guerrier où la flèc est placée. Les gestes teutons doivent êt contrariés dès qu'ils s'allongent outre mesure. Il ne faut pas, comme je le disais plus haut, essayer de tuer l'Allemagne, mais il faut, s'il est besoin, l'estropier, comme son empereur.

L'ORGANISATION ALLEMANDE

L'ORGANISATION ALLEMANDE

Rien n'est plus audacieux, ni plus cynique au monde, que l'affirmation allemande. Les Teutons sont inhabiles à la parole souple et vive, ils ne sont guère éduqués pour le raisonnement clair et subtil. Il ne leur reste donc plus que la brutalité dans le discours comme dans les actes. Or, la brutalité spirituelle, c'est l'affirmation nue.

L'empereur dit : « Dieu est avec nous. Je suis son esprit et son glaive. Son honneur est le mien ; ma victoire sera la sienne. »

Il allègue ses rêves et ses visions, rien de plus. Un fou agit de même.

Le géographe allemand proclame : « De la Baltique à la mer du Nord, de Riga à Boulogne, en passant par la Germanie, la Champagne, la Bourgogne et la Belgique, l'Europ[e] est habitée par des peuples de race germa[-]nique; donc, l'Europe septentrionale tou[te] entière doit être à nous. » Rien n'est plu[s] faux. Les peuples du Nord de l'Europe son[t] d'origine variée. Quelques-uns sont gaulois[,] d'autres, tels les wallons, sont romans o[u] latins.

Le savant allemand M. Ostwald, profes[-]seur de chimie, écrit : « La civilisation alle[-]mande est la première du monde, parc[e] qu'elle a abandonné la période de l'indivi[-]dualisme pour la période de l'organisation[.] Parmi nos ennemis, les Russes en son[t] encore à la période de la horde, alors que le[s] Français et les Anglais ont atteint le degr[é] de développement cultural que nous-même[s] nous avons quitté il y a cinquante ans. »

Mais, au moyen âge, l'Eglise catholiqu[e] avait répandu un tel état d'organisation et d[e] civilisation à travers toute l'Europe.

La hiérarchie stricte des diocèses où chacu[n] était à la fois maître et serviteur, où d[e] l'évêque au dernier des prêtres, où du prêtr[e] au dernier des fidèles, tout n'était qu'obéissance et du geste et de la parole et de la pensée, n'est que l'image de la force à gradation montante et descendante telle que la prône l'Allemagne. Régnait alors la caste sacerdotale comme règne aujourd'hui la caste militaire. Point de haut grade sans titre de noblesse. Bien plus : les gildes bourgeoises imitaient cette dangereuse discipline. Dès le XIIIe siècle, elles l'inauguraient dans l'art, le commerce et l'industrie. Déjà l'individu ne comptait pas. Toute initiative venant d'en bas était suspecte. L'organisme étouffait le cerveau.

La civilisation résulte d'un mélange de liberté et de discipline combinées. Quand tout est libre, on aboutit à l'anarchie ; quand tout est contenu, on aboutit à l'oppression. L'organisation germanique est un monstrueux instrument qui fait qu'en Allemagne, la race est disciplinée au point qu'elle est domestiquée. Il n'y a plus ni fierté, ni respect de soi-même. La presse est tenue à la chaîne. L'école philosophique et la recherche scientifique y reçoivent le mot d'ordre. L'empereur brise ceux qui résistent.

Si l'organisation prônée par le professeur de chimie Ostwald devait se répandre sur le monde, le dogme allemand, tout comme jadis le dogme catholique, terroriserait et martyriserait l'esprit humain. Au fond, il n'y a entre les deux doctrines qu'une différence, c'est que l'une est religieuse, et l'autre civile. Toutes les deux veulent s'imposer par les mêmes moyens. Toutes les deux se croient uniques et suprêmes. L'Eglise de Rome se dit la meilleure de toutes les Eglises. L'Etat allemand se proclame le premier de tous les Etats. Ils croient en leur pouvoir, aveuglément. Aucun sacrifice ne leur coûte pour le maintenir. Ils ont des apôtres et des martyrs. La vie et la mort des hommes ne sont pour eux que des moyens d'arriver à la toute-puissance. L'Allemand en se faisant naturaliser Anglais ou Français ne perd pas sa nationalité d'origine. La marque en est indélébile comme la marque du baptême ou de la prêtrise catholiques. L'Eglise fut organisée lespotiquement depuis toujours; l'Allemagne e fut surtout depuis cinquante ans.

Déjà, tout comme l'Eglise aux XVe et XVIe siècles, elle se complaît dans les atrocités et es folies sanguinaires. Elle tue, elle pille, elle brûle. Elle est la terreur humaine; 'Eglise était la terreur divine. Et, comme 'ironie du destin est telle que deux forces qui se ressemblent, se combattent presque oujours, il s'est fait que la fureur teutonne s'est attaquée à Louvain, à Malines et à Reims. Des prêtres y ont été tués, en grand nombre, et des églises y ont été détruites, sans hésitation, ni sans pitié.

Bien plus : Guillaume II, tout en faisant sa cour au pape de Rome, confie à sa belle-sœur, qui s'est convertie malgré lui au catholicisme, que c'est ce même catholicisme qu'il faut considérer comme l'ennemi à combattre. l le déteste; il en considère la destruction comme le but de sa vie, ce qui ne l'empêche pas, avant de le réduire, de lui prendre sa discipline formidable et sa folle audace, dans l'affirmation gratuite.

C'est à juste titre que les religions imposent leurs dires, et ne les prouvent guère. Elles sont objets de croyance, et ne sortent point de leur rôle, en négligeant de s'adresser à l'intelligence et à la raison.

Il n'en est pas de même pour un Etat. Or, l'Allemagne veut précisément que l'on croie en elle, comme en une sorte de divinité terrestre. Elle n'admet pas que l'on nie l'infaillibilité de sa culture, ni la valeur sans seconde de sa puissance. Elle transporte ainsi du plan spirituel dans le plan temporel tout un système de persuasion et de confiance.

De pareils procédés qu'on pourrait appeler primaires réussissent, certes, auprès des simples gens. A force d'affirmer toujours les mêmes soi-disant vérités, on finit par les faire admettre. Le peuple allemand est la dupe de ses éducateurs prussiens. Il les a crus sur parole; ils lui ont enlevé toutes ses qualités de discernement et de contrôle; ils l'ont entraîné vers un passé militaire, autoritaire, et féodal; ils lui ont imposé comme idéal, non plus celui de Heine ou de Schiller, mais celui de M. le professeur de chimie Ostwald qui sans doute se persuade qu'un peuple doit s'organiser avec ses actions et ses réactions fatales, comme un précipité au fond d'une cornue. La force spontanée et irréductible serait ainsi supprimée d'un coup, et l'Allemagne régnerait sur la pensée enchaînée et comme morte.

Si le monde acceptait un tel assassinat de la liberté, ce serait certes le plus grand crime moderne. L'Europe doit présenter à l'histoire un bouquet de civilisations variées où toutes les races glissent une fleur de leur génie. La puissance allemande dénaturant, diminuant ou écrasant la puissance française, anglaise, italienne, russe, belge ou espagnole tue un ensemble d'idées, de sentiments et de gestes futurs qu'il lui est impossible à elle seule de remplacer. Ces idées, ces sentiments et ces gestes variés se transforment sans cesse en exploits ou en chefs-d'œuvre. Ils constituent l'honneur et la gloire de l'Occident entier. Le génie teuton est devenu depuis cinquante ans agressif et obstructeur, c'est lui, et non le nôtre, qu'il faut réduire. Il n'est point fait pour être le maître. Il n'exalte point; il comprime. Il est l'angoisse et le danger permanent. Il diminue la créature humaine. Il travaille à l'abaissement du monde.

L'ALLEMAGNE ASIATIQUE

L'ALLEMAGNE ASIATIQUE

Au XVIe siècle, l'Espagne féroce et fanatique apparaissait comme un morceau d'Afrique soudé aux pays d'Occident. Les Maures l'avaient subjuguée. Ils lui avaient imposé leur conception brutale de l'autorité et de la force. Les Maures envahirent la France. On les en chassa. Ils s'incrustèrent au delà des Pyrénées, entre les chaînes de montagnes de la Castille. Cordoue et Grenade devinrent leurs forteresses et leurs royaumes.

Sous Isabelle la Catholique, l'Espagne s'affranchit, mais l'emprise qu'elle avait subie l'avait marquée au point qu'elle ne fut chrétienne que comme l'Afrique fut islamique. Elle imposa sa foi par le fer et le sang, tout comme Mahomet propagea la sienne. Elle eut ses apôtres guerriers : le duc d'Albe. Elle eut ses armées terribles : Anvers et les Flandres les ont subies. Elle voulait organiser la terreur. Elle tuait en masse ; elle espionnait, dénonçait, suppliciait. Elle faisait dans l'âme de chacun de ses soldats l'éducation de la cruauté.

Comme l'Espagne au XVIe siècle était pénétrée d'esprit africain, l'Allemagne s'est saturée au XXe siècle d'esprit asiatique.

Certes — comme je l'indiquai plus haut — son organisation minutieuse et serrée fut calquée sur l'organisation catholique romaine ; mais l'esprit qui anime et se sert de cette organisation n'est rien moins que chrétien : il est sémitique.

L'Allemagne le sait, mais répugne à le reconnaître. Elle proteste au contraire que de tous les peuples aryens, elle est celui dont la race est demeurée la plus pure.

Voici les faits.

Nulle part plus qu'en pays tudesque, les sémites ne se sont installés. Presque tous les noms qu'ils portent sont des noms alleınds. Ils les promènent à travers le monde. urs ghettos supprimés, ils travaillèrent à prospérité des villes libres : Lubeck, Hamurg, Brême. Francfort devint une sorte de usalem occidentale. Ils créèrent de la hesse partout. Leur puissance fut assez te pour se passer et de l'ostentation et de rgueil. Elle fut ferme et active, dans mbre.

Lorsque, après 1870, l'Allemagne se mit à velopper et son commerce et son industrie, sémites lui apprirent sur place à organiser ı trafic et à mener à bien ses affaires. Ils ent des éducateurs merveilleux, les meilrs du monde. Les grands magasins, les ıes maritimes, les sociétés d'électricité ıservent à leur tête des juifs puissants. leurs, ceux-ci s'effacent. Ils préfèrent lais-, sous leur contrôle, la direction des entreses à d'authentiques germains. Au reste, s'approchent-ils pas de l'empereur, qui isit parmi eux quelques-uns de ses conlers secrets? Et même les hobereaux et nobles, attirés par le désir du gain prompt,

ne leur confient-ils point leurs capitaux
leurs projets? La soudure s'est faite en
ceux-ci et leurs anciens usuriers.

L'esprit israélite — et nous disons ceci n
pour l'attaquer, mais uniquement pour co
tater sa victorieuse influence — pénètre ai
toute la vie bourgeoise et aristocratique c
pays qui vont du Rhin à l'Oder, et de l'E
au Danube. Il épouse surtout très intimem
l'esprit prussien. Mille affinités unissent le
tendances.

A l'exception des journaux du centre cat
lique, tous les grands quotidiens de Vien
de Francfort, de Berlin sont aux mains
sémites. Ceux-ci les ont fait prospérer gr
à leur ingéniosité, à leur intelligence, à l
volonté et à leur argent. Les gazettes dirig
ainsi deviennent promptes, renseignées, l
dies, complètes. L'art y est introduit com
une force ardente et choisie. On l'y hon
et peut-être y est-il aimé.

Qu'aujourd'hui cette presse soit deve
hargneuse, partiale, hypocrite, mégaloma
c'est certain. Elle subit pour un temps l'he

et le milieu. Avant la guerre, c'était l'heure et le milieu qui la subissaient.

C'est elle qui travailla, jour à jour, à métamorphoser la vieille Allemagne. Elle propagea l'idée de l'unité, elle conquit l'assentiment de la Bavière, de la Saxe, du Wurtemberg. A un peuple idéaliste et rêveur, elle inculqua les notions pratiques et réalistes. Elle le dirigea vers la vie de conquête et de proie; elle lui insuffla la vigilance inlassable, l'amour illimité du gain, l'audace opportune, l'inusable patience et l'infrangible ténacité. Bien plus : l'idée que tout est troc et marché, que tout s'arrange par la demande et par l'offre, que tout est intérêt et que rien n'est sentiment, passa peu à peu de la certitude juive dans la certitude allemande, et modifia à tel point la mentalité et la vie des gens du nouvel empire, qu'un Charles-Auguste ne les eût certes plus reconnus. L'Allemagne devint un pays d'affaires énorme. Les vieilles nations, l'Angleterre et la France, furent distancées dans la lutte universelle. L'Amérique même fut en partie conquise : les plus importantes maisons de New-York ne sont plus uniquement américaines.

Ce génie de trafic audacieux et sûr qu'une autre race lui avait comme insufflé, l'Allemagne politique et diplomatique le voulut posséder à son tour. A ses yeux, les arrangements de peuple à peuple n'étaient plus que des négoces. La justice d'une cause, la fierté d'une lutte, la conscience d'une multitude séculairement unie lui apparaissaient choses négligeables et surannées. Les raisons des gouvernements ne devaient plus tenir compte des raisons des choses.

Tout se devait réduire à des avancées ou des reculs, selon que les propositions faites étaient habiles ou maladroites. On demandait, on cédait; on attaquait, on se retirait on exigeait l'échange ou la transaction. Même quand l'Allemagne lança son ultimatum à la Belgique, elle lui mit le marché à la main Pas un instant, elle ne songea aux forces morales que ce peuple tenait embusquées dans son âme; elle parla de profits et pertes comme à la Bourse. Elle ne put se défendre d'être surprise, lorsque ses offres furent rejetées. Alors, elle se fâcha. Elle n'a point encore décoléré depuis.

Mais c'est surtout dans la conduite de la guerre que l'âme asiatique de l'Allemagne se dévoile. L'Europe aryenne a sans cesse, depuis le moyen âge, christianisé ses instincts barbares. Elle introduisit dans les batailles, l'honneur. Elle créa le plus beau type du soldat : le chevalier. Elle institua la Trêve-Dieu. Elle condamna la fourberie et la traîtrise. Pendant la Renaissance, Bayard fut un modèle de droiture et de grandeur. Au XVIIIe siècle, à Fontenoy, la guerre se fait polie et galante. Pendant la Révolution et l'Empire, elle se fait sublime.

Aujourd'hui, grâce à l'Allemagne, c'est la traîtrise et la fourberie qui la marquent et la déshonorent. On ne compte plus sur la parole de l'adversaire, on se défie de ses promesses, on n'accepte son geste que comme une indication de félonie. La franchise et l'honneur n'existent plus; on les bafoue ou on les biffe. On est cruel et féroce, par système. Aucune pitié, jamais. On achève les blessés. On jette à l'eau ceux qui tombent. On enterre les moribonds. On tue les prisonniers. A voir sur les bas-reliefs assyriens l'implacable Assourbanipal ordonner le supplice de ses ennemis vaincus et commander leur extermination totale, on songe aux méthodes prussiennes.

Le pillage, la dévastation, l'incendie étaient ordres de guerre sous les Babyloniens d'Asie, comme ils le sont sous les Germains d'Europe. L'âme de ces deux empires est faite de la même folie et du même orgueil. Elle se reflète dans les documents anciens que conservent le Louvre et le British Museum ; elle transparaît dans ce document d'hier, publié dans le *Grossdeutschland und Mitteleuropa um das Jahr 1950*.

« Dans un espace d'années qui sera court, nous devons voir ceci : le drapeau germanique abritera 86 millions d'Allemands, et ceux-ci gouverneront un territoire peuplé de 130 millions d'Européens. Sur ce vaste territoire, seuls les Allemands exerceront de droits politiques ; seuls, ils serviront dans la marine et dans l'armée ; seuls, ils pourront acquérir la terre. Ils seront alors un peuple de maîtres, condescendant simplement à ce que les travaux inférieurs soient exécutés par des peuples soumis à leur domination. »

Ce texte pourrait être signé par n'importe quel tyran de l'ancien Orient : Cambyse, Artaxercès, Sennacherib, Nabuchodonosor. Il dévoile l'esprit le plus effrayamment inhumain qui ait régné sur la terre. Il reploie le monde sous la tyrannie ; il ressuscite l'esclavage aboli. Depuis que les temps chrétiens de Rome ont changé l'univers, jamais une telle aberration de puissance, jamais une telle hallucination d'impérialisme n'a égaré le cerveau d'un conquérant. Un peuple qui conçoit un tel rêve réveille dans le monde tous les instincts léoniens que l'on en croyait bannis. Il incarne aux yeux de la sagesse claire l'idée même de la monstruosité.

L'AME MODERNE

L'AME MODERNE

L'Allemagne — nous l'avons établi — éussit à animer de l'esprit pratique et maté- aliste des Juifs l'organisation hiérarchique et errée dont l'Eglise des Chrétiens lui fournit modèle. Unir deux forces mises à l'épreuve ar le temps et victorieuses des siècles était ertes idée heureuse, mais non travail facile. fallait incarner l'une dans l'autre. Insuffler âme sémite au corps catholique. La Prusse essaya d'abord. Elle ne tâtonna guère. Son sprit militaire et dur et vénal l'y aida.

Alors, l'œuvre de force et d'adresse se oursuivit de pays en pays, à travers toute Allemagne. La Bavière et l'Autriche rechi- nèrent à y collaborer. Il leur était pénible 'abandonner leur tradition religieuse de onté et de pitié apprises, de reléguer leurs idées humaines et claires, de s'abaisser à n'être plus que des Etats sans générosité ni foi. L'Autriche surtout ne se pouvait départir de son vieux passé, ni oublier que c'était contre elle que le nouvel esprit germanique s'était d'abord exercé. Sadowa lui revenai sur le cœur avec un goût d'amertume. Elle céda quand même, parce qu'au fond d'elle elle se sentait, elle aussi, race de proie.

Au reste, depuis que sa victoire sur la France lui avait départi la prépondérance en Europe, l'Allemagne étonnait l'Occident Elle parlait haut et nulle mieux qu'elle ne s'y faisait obéir. Bismarck, l'homme aux bottes puissantes, savait l'art de fouler aux pieds les protestations et les droits. Son verbe était suivi de crainte et de silence. L'aigle allemand ne le mettait point à l'ombre c'était lui tout au contraire qui l'éclairait de son génie.

Il refit un peuple. Il l'arma d'activité et d'audace. Il lui insuffla l'esprit de prompti tude et de brusquerie qui fut le sien. Il le détourna des spéculations nobles pour l'atti er vers l'action utile et moderne. Il fut un ducateur terrible, mais efficace. Il affirmait : L'Allemand ne craint personne sous le oleil, si ce n'est Dieu. »

Après la disgrâce et bientôt la mort de son uide et de son suscitateur, l'Allemagne se entit assez forte pour faire elle-même son ort. Elle possédait des écoles et des casernes. lle voulut y joindre des usines et des ports. le se défiait, avec respect, de son trop une empereur.

Elle se couvrit de travaux de l'un à l'autre out de son territoire. Le Mein, le Rhin, Oder, l'Elbe furent bordés de fabriques. es canaux furent créés. Les chemins de fer ngeaient ou croisaient en tous sens les emins d'eau. Des gares énormes étince-ent, dans le soir, sous leurs grands toits verre. Toute ville ancienne s'ornait d'un artier neuf; d'immenses bazars servaient temples à sa fièvre; ses faubourgs s'allon-aient comme des tentacules vers la cam-gne; d'immenses fumées transversales rraient le vieux soleil. Une camelote funeste mais désirée par les foules encombr le négoce que l'Allemagne innova. Elle s répandit partout. Elle satisfit les multiple désirs et les goûts différents des peuples Elle se plia aux ordres de la terre entière e les exécuta. Jadis, le commerce européen s faisait dominateur ; il imposait à ses client lointains ce qu'il fabriquait pour l'usag occidental. L'Allemagne changea cette mé thode. Son commerce se fit servile et pros péra au delà des plus vastes espérances. El fut bientôt la nation dont l'Asie, l'Afriqu l'Océanie et l'Amérique désiraient la présenc sur cent marchés divers. Les bourses c Sydney, de New-York, de Singapoor et c Bombay retentissaient du bruit de l'or all mand. Le courtier de Francfort devint l'agen de la force teutonne et le commis-voyage de Berlin se fit le propagateur ou l'espion c la politique germaine. L'Allemagne s'agra dissait et se fortifiait ainsi sur tous les con nents, et voici que peu à peu, mais avec u ténacité patiente, elle s'affermissait et s'épa dait sur les flots.

Au temps de Bismarck, la flotte de l'empire n'existait guère. La colonisation des pays d'outre-mer ne semblait au grand ministre qu'entreprise hasardeuse ou chimérique. Sa politique demeurait continentale : c'était celle des trois empires — le tudesque, le russe et l'autrichien — indissolublement unis et s'imposant à l'Europe latine.

Pourtant, même sous son règne, Hambourg déjà se développait et prenait une importance première. Il l'y aidait certes de tout son pouvoir. Il s'était retiré non loin de la ville. Il y possédait son journal. Il parlait au monde et à l'empereur du fond de ce Pathmos maritime, se gardant bien d'être un rebelle, mais prétendant être un adversaire quelquefois écouté. Un jour, une voix se fit entendre : « Notre avenir est sur la mer. » Ce fut la voix cassante de l'empereur Guillaume II.

Les destinées germaniques grandirent encore. La plus forte Compagnie maritime d'Allemagne ayant à sa tête l'israélite Ballin dissémina ses vaisseaux d'un bout du monde à l'autre. Bientôt Brême et Lubeck se joignirent à Hambourg. Le *Nordeutscher Lloyd,* tout en lui faisant concurrence, unit sa puissance à celle de l'*Hamburg America Line.* L'Angleterre se sentit atteinte dans sa prépondérance séculaire. Elle n'en put croire la réalité brutale qui lui montrait les admirables steamers allemands traversant l'océan plus rapidement et plus sûrement que les siens. Une volonté de se distancer et de se vaincre anima dès ce moment l'activité de l'une et de l'autre nation. L'Angleterre en cette lutte semblait craindre plus que l'Allemagne. D'autant que celle-ci se mit à augmenter soudain dans les proportions les plus larges sa flotte de guerre. Les progrès s'y faisaient, par bonds. Le Trésor de l'empire s'y employait, avec fureur. On eût dit une rage disciplinée qui ne voulait cesser ni même se fixer des étapes pour alentir sa fièvre.

Pendant ces périodes de prospérité sans exemple se levèrent dans les universités et les armées allemandes, des théoriciens dangereux qui résumèrent comme en une nouvelle

léclaration des droits de l'homme l'esprit
ui devait régler et présider à cet afflux de
uissance et par conséquent d'orgueil. Ce
ıt le Code de la morale des maîtres que,
ıême dès le lycée, les jeunes Teutons s'assi-
ıilent. On en connaît les textes. Gobineau,
)stwald, Bernhardi, Treiske, Lasson les ont
édigés. La force y est employée comme
ıatrice du droit. L'organisation stricte et
ure et implacable y est prônée comme un
ıoyen inédit et supérieur de perfection. La
ce germanique prétend l'avoir découvert
our élever le monde à un plan de civilisa-
on supérieur. Elle seule a le secret de la
ntrainte nécessaire. Elle y emploie le mal
le bien, comme elle l'entend. Elle fixe les
leurs nouvelles. Elle ne prend pour loi que
nécessité. Tout doit céder à celle-ci. Trai-
s, paroles données, promesses, engage-
ents, fierté, honneur, générosité, pitié,
erté, révolte — vieilles lunes que tout cela.
Allemagne détient le droit nouveau, parce
'elle détient la force la plus récente. Elle a
r conséquent le devoir d'imposer ses idées

et d'avoir raison, au nom d'elles, contre tou
Elle ne doit tenir compte que d'elle-mêm
pour régler le compte des autres. Depuis le
quelque vingt ans que ce programme s'e
superposé aux débordements de l'activité
de la puissance teutonnes, il leur a donn
leur signification spirituelle et redoutabl
L'égoïsme germanique en est devenu mon
trueux. Lui seul désormais existe au mond
Il ne peut plus sortir de lui-même pour com
prendre n'importe quoi de ce qui est situ
hors de lui-même.

Le diplomate allemand manque d'hab
leté et de tact, le militaire allemand manqu
de prudence et de tactique, le peuple all
mand manque de discernement et de jug
ment, parce qu'ils sont incapables de sais
les différences et les oppositions. « Se mett
dans la peau d'autrui » leur est impossib
Ils se plaignent, s'exaltent, souffrent,
réjouissent pour telles ou telles raisons et
peuvent comprendre que leurs voisins
plutôt leurs ennemis éprouvent pour
mêmes motifs soit de la tristesse, soit

l'exaltation, soit de la souffrance, soit de la joie. Toute psychologie leur est fatalement interdite.

Cet éblouissement de soi, qui n'est qu'aveuglement de soi et qui n'aboutit qu'à la faiblesse générale et à la folie collective, a trouvé un représentant ou plutôt un symbole dans Guillaume II. L'empereur est à la fois revêtu d'éclat et miné d'impuissance. Il porte en lui le faux génie nécessaire à l'emploi qu'on lui réserve.

Bismarck maniait entre ses poings de la réalité réfractaire et vivante et la façonnait suivant sa volonté ; Guillaume II se contente de phraser. Il jongle avec des mots galonnés d'or comme des képis, et croit tenir en main la victoire quand il la prévoit et la promet dans ses harangues. D'où sa dangereuse impatience. Quand sur son ordre, en pleine bataille, ses troupes crient aux Russes : « Donnez-nous Varsovie » et aux Franco-Belges : « Donnez-nous Calais », il croit vraiment que la suggestion par la parole est quasi aussi efficace que l'exploit par l'épée.

Un jour, pour pousser jusqu'à l'extrêm
sa démence et celle de son peuple mégalc
mane, il ramassa dans les plis flottants e
creux de son mysticisme, tout l'orgueil
toute la férocité et toute la haine autour d
lui répandus. Ses docteurs et ses philosophe
parlaient quand même encore au nom d'un
vague raison humaine, lui ne voulut plu
que vaticiner au nom d'une sagesse san
contrôle. A ce Dieu que Bismarck plaçait au
dessus de lui et de l'Allemagne, l'empereu
assignait une place tout près de soi, à se
côtés. Il en fit son familier et son complice
Il lui enjoignit d'être désormais aux gage
de l'Allemagne, nation élue, esprit du monde
épée du destin. Les rois d'Israël et les pro
phètes parlaient à Jérusalem il y a six mil
ans, comme lui parlait au XXe siècle, à Pots
dam ou à Berlin. Et sa démence en prena
comme une sorte de grandeur.

Désormais l'essor économique de l'Alle
magne, la science de ses théoriciens, la di
cipline de ses armées, la force de son peuple
l'arrogance de son chef devenaient une sor

de mythe national dont il fallait propager la croyance opportune et l'utile miracle.

La culture allemande est faite de tous ces éléments. Elle s'échelonne de la prospérité matérielle au mysticisme transcendant en passant par l'organisation commerciale, scientifique et militaire. Cette culture est-elle vraiment inédite et le monde peut-il en vivre comme d'une révélation nouvelle ?

D'abord rien n'est moins moderne que d'appuyer un système de perfectionnement social sur le droit divin. Guillaume II ne s'en fait faute. Il reprend les traditions les plus vieilles de l'Europe. Il se dit empereur et roi par la grâce de Dieu. Quand il partit en guerre, il faisait songer soit à Mahomet, soit à saint Louis. Son mysticisme hautement affirmé, gangrène les principes mêmes de sa domination. Toute l'histoire des rois du moyen âge et de la Renaissance nous renseigne sur le danger qu'il nous ferait courir, s'il réussissait à gagner la France et l'Angleterre et la Belgique.

L'organisation que ce mysticisme suppose

est la plus antique des organisations, puis
qu'elle suppose l'esclavage et la tyrannie. L
professeur Ostwald et tous les pangerma
nistes en tombent d'accord. Il faut ressuscite
la conception périmée des peuples sujets e
des peuples dominateurs.

Il faut, en outre, que la liberté soit dim
nuée et réduite au rôle le plus strict. Se sou
mettre devient plus important que pense
L'université trouve son modèle dans la ca
serne. Le travail des usines et des fabrique
bien distribué et bien divisé certes, mais e
même temps réglementé à outrance, fait so
ger à celui des corporations. Tout est prévu
conduit, figé, cliché ; tout est admirable e
ordonné, mais tout cela n'est que vieille
cases et vieilles formules à quoi le monde
renoncé.

On sait ce qu'a produit sur l'humanité
terreur, la férocité, l'inquisition, l'obéissanc
passive, le dogme religieux ou scientifiqu
la soumission des pensées et des désirs
quelque unique but soi-disant sacré, la vo
lonté de puissance se confondant avec l'arb

traire et la tyrannie. C'est la vieille âme du monde antique et féodal qui ressuscite à peine teintée d'autres lueurs, c'est la vieille âme que cent expériences néfastes ont épuisée; c'est la vieille âme qu'on a mis mille et mille ans à étouffer et qu'il faut réétouffer à cette heure suprême.

L'âme moderne faite de fierté et de liberté, faite de clarté humaine et de joie terrestre, faite d'émotion contagieuse et noblement dangereuse, l'âme moderne presque neuve, — elle ne date que d'un siècle et le temps n'a pu en tirer encore toute la force et toute la lumière — est en opposition irréductible avec l'âme allemande. C'est celle-là, celle-là seule qui est fraîche et qui s'épanouit vers l'avenir. C'est celle-là seule qui appelle les expériences nouvelles et permet à l'humanité de se renouveler et de s'adapter à d'inédites phases de vie.

Et cette âme, c'est toi Belgique qui l'as, même avant la France et l'Angleterre, défendue contre la régressive mais formidable Allemagne. Jamais plus grand honneur ne te fut fait. Tu l'as assumé avec un héroïsme simple. Belgique sanglante, sois aimée en toutes tes blessures et soutenue en tous tes espoirs !

TABLE DES MATIÈRES

TABLE DES MATIÈRES

JACK LONDON : L'AMOUR DE LA VIE
Traduction P. WENZ
ROGER MARTIN DU GARD : JEAN BAROIS
CH.-L. PHILIPPE : LA MÈRE ET L'ENFANT
CHARLES PLANCHARD
JULES RENARD : L'ŒIL CLAIR
JEAN SCHLUMBERGER : L'INQUIÈTE PATERNITÉ
ERNEST TISSERAND : UN CABINET DE PORTRAITS
CHARLES VILDRAC : DÉCOUVERTES
LIVRE D'AMOUR
MICHEL YELL : CAUËT

THÉATRE :

PAUL CLAUDEL : L'OTAGE
L'ANNONCE FAITE A MARIE
JACQUES COPEAU et JEAN CROUÉ : LES FRÈRES KARAMAZOV
Drame en 5 actes d'après DOSTOIEWSKY
GEORGES DUHAMEL : DANS L'OMBRE DES STATUES
HENRI GHÉON : LE PAIN
FRIEDRICH HEBBEL : JUDITH
Traduction G. GALLIMARD et P. DE LANUX
ÉMILE VERHAEREN : HÉLÈNE DE SPARTE

LITTÉRATURE :

HENRI GHÉON : NOS DIRECTIONS
(Réalisme et Poésie. — Notes sur le Drame poétique. — Du Classicisme. — Sur le vers libre)
JACQUES RIVIÈRE : ÉTUDES
(Baudelaire, Claudel, Gide, Ingres, Cézanne, Gauguin, etc.)
ANDRÉ SUARÈS : TROIS HOMMES (PASCAL, IBSEN, DOTOIEWSKY)
ESSAIS
ANDRÉ SUARÈS : PORTRAITS
ALBERT THIBAUDET : LES HEURES DE L'ACROPOLE

Volumes in-8 couronne à 2 fr. 50

COVENTRY PATMORE : POÈMES
Traduction P. CLAUDEL
LÉON-PAUL FARGUE : POÈMES
ANDRÉ GIDE : SOUVENIRS DE LA COUR D'ASSISES
J. KEATS : LETTRES A FANNY BRAWNE
Traduction DES GARETS
O.-W. MILOSZ : MIGUEL MANARA
Mystère en 6 tableaux
CH.-L. PHILIPPE : LA MÈRE ET L'ENFANT
JEAN SCHLUMBERGER : LES FILS LOUVERNÉ

Volume in-4 couronne à 5 fr.

LÉON-PAUL FARGUE : POUR LA MUSIQUE

Volume in-8 raisin à 10 fr.

A. THIBAUDET : LA POÉSIE DE STÉPHANE MALLARMÉ

Volume in-8 carré à 10 fr. net

HENRIK IBSEN : ŒUVRES COMPLÈTES, Tome 1er

Volumes in-8 tellière à 7 fr. 50

ANDRÉ GIDE : ISABELLE
(1re édition sur vergé d'Arches, tirée à 500 exemplair
RABINDRANATH TAGORE : L'OFFRANDE LYRIQUE
Traduction A. GIDE, 1re édition sur vergé d'Arches, ti
à 500 exemplaires

ACHEVÉ D'IMPRIMER LE PREMIER JUIN MIL NEUF CENT QUINZE, PAR L'IMPRIMERIE JULIEN CRÉMIEU, RUE PIERRE-DUPONT, SURESNES, SEINE.

www.ingramcontent.com/pod-product-compliance
Ingram Content Group UK Ltd.
Pitfield, Milton Keynes, MK11 3LW, UK
UKHW021118220726
13924UKWH00004B/1791